Emmanuelle Hubert
Mélissa Monaco

Aimer Bruxelles

200 adresses à partager

MARDAGA

MARDAGA

L'éditeur veille à la fiabilité des informations publiées,
lesquelles ne pourraient toutefois engager sa responsabilité.

Auteurs : Emmanuelle Hubert et Mélissa Monaco
Photographie en couverture : Creative Commons / Arlequin © Pixabay
Photographies intérieures : © Emmanuelle Hubert et Mélissa Monaco
sauf p. 11-12, 16, 33, 41, 56, 59, 63, 66, 78, 90-91, 111, 116, 125-126,
135, 137, 144-145, 159, 163, 173-174, 177, 204.
Photographie p. 64 : © Caroline Vermeulen

Maquette : [nor] production

Pour la présente édition :

B-1050 Bruxelles (Belgique)
www.editionsmardaga.com

Dépôt légal : 2018/0024/24
ISBN : 978-2-8047-0604-3

introduction

Si vous avez ce guide entre les mains, c'est que vous êtes curieux de découvrir ces petits endroits un peu secrets de Bruxelles, que vous y habitiez ou que vous la visitiez pour la première fois.

Bruxelles, c'est en réalité un étrange ensemble : petite et cosmopolite, c'est un village-monde où les cultures se côtoient et se mélangent. Ce sont dix-neuf communes et de nombreux quartiers avec chacun une identité propre et une ambiance particulière, mais avec un point commun : l'accueil et l'humour des Bruxellois.

Vous trouverez dans les pages de ce guide de belles adresses pour dîner en amoureux, sortir entre amis, s'amuser et se faire plaisir, se cultiver dans des lieux hors du commun ou encore pour se balader dans les coins verts de la capitale et passer du bon temps avec ses enfants. De petites pépites typiquement bruxelloises ou plus contemporaines, qui sont autant de témoignages d'une ville résolument moderne et dynamique. De quoi séduire quiconque désire connaître Bruxelles à travers les yeux de ses habitants !

Que vous utilisiez ce guide avant ou pendant votre séjour, ou que vous le feuilletiez pour le plaisir, juste pour rêver un peu, ouvrez une page au hasard et laissez-vous emporter par le charme de Bruxelles ! Chaque adresse est reportée sur un plan détaillé de la ville et agrémentée de photos qui en reflètent l'art de vivre.

Aimer
manger un morceau

Tout le monde s'accorde à dire que Bruxelles excelle dans l'art de bien manger. Ses restaurateurs n'hésitent plus à revoir les classiques de la gastronomie belge mais ce qui caractérise avant tout la scène culinaire bruxelloise, c'est la diversité. Ville cosmopolite, Bruxelles invite vos papilles à faire un tour du monde des saveurs. Et comme bien manger commence aussi chez soi, nous avons également sélectionné boutiques et épiceries pour vous régaler chez vous.

1

CARTES 3-9

La Buvette

Chaussée d'Alsemberg 108, 1060 Bruxelles

la-buvette.be

—

La Buvette est le restaurant bistronomique du chef Nicolas Scheidt, à qui l'on doit également Hopla Geiss Bakery et le Café des Spores, situés tous les trois sur la chaussée d'Alsemberg. On est directement charmé par le cadre de La Buvette, une ancienne boucherie de style Art déco, dont ont été conservés les crochets et la table du boucher, la table la plus convoitée. Le restaurant propose un menu unique, en version L ou XL. Les plats tout en finesse et en originalité de La Buvette s'accordent très bien avec la belle sélection de bières - belges et étrangères - du restaurant, pour changer des accords mets et vins classiques.

2

CARTE 1

Kumiko Izakaya

Rue d'Alost 7, 1000 Bruxelles

kumiko.be

—

Kumiko Izakaya est l'une des nouvelles adresses qui cartonnent près du canal. Avec notre bar à cocktails chouchou juste à côté (LIB, voir n°59), cela nous donne à présent deux très bonnes raisons de venir dans ce quartier qui a beaucoup évolué ces dernières années. Kumiko est à la fois un bar idéal pour une soirée entre amis et un restaurant proposant des plats japonais de type street food : onigiris, donburis, gyozas… Avec son service agréable et rapide, cette adresse est devenue rapidement l'une de nos nouvelles cantines !

La Buvette

3

CARTE 11

Restaurant de l'Atomium

Square de l'Atomium, 1020 Bruxelles

www.atomiumrestaurant.be

—

Il ne faut plus présenter l'Atomium, l'un des plus emblématiques monuments de Bruxelles. Mais saviez-vous que dans la plus haute de ses neuf boules, située à 100 mètres du sol, se trouvait un restaurant gastronomique ? Dans un lieu aussi touristique, la bonne surprise est rare : et pourtant, le restaurant de l'Atomium en est une ! Si vous voulez manger avec une vue imprenable sur notre capitale tout en vous régalant et sans dépenser une fortune, vous serez sans doute tout aussi surpris que nous par ce restaurant.

4

CARTE 6

Sanzaru

Avenue de Tervueren 292, 1150 Woluwe-Saint-Pierre

www.sanzaru.be

—

Situé dans une maison d'inspiration cubiste des années '30, le restaurant Sanzaru est la première adresse bruxelloise dédiée entièrement à la cuisine Nikkei, une cuisine fusion originale reprenant le meilleur des traditions japonaises et péruviennes. Nous sommes tombées sous le charme aussi bien de la cuisine que de la décoration intérieure et des superbes fresques colorées des artistes belges Marcin Sobolev et Arianna Musetta. À la carte, ne manquez pas le saumon poché au sureau et en dessert le tiramisu Nikkei au matcha.

5 CARTE 3

Nuovo Rosso

Rue Bosquet 62, 1060 Saint-Gilles

—

La spécialité du restaurant Nuovo Rosso à Saint-Gilles, ce sont les pâtes fraîches servies directement à la casserole. Cuisson al dente, recettes de plusieurs régions d'Italie, et un plat du jour à un prix défiant toute concurrence qui change tous les jours ou presque. Les portions sont très généreuses et le service très sympathique. Bref, c'est notre petite cantine italienne préférée à Bruxelles.

6 CARTE 1

La Manufacture

Rue Notre-Dame-du-Sommeil 12, 1000 Bruxelles
www.lamanufacture.be

—

La Manufacture est un restaurant au cadre plutôt original puisqu'il occupe l'ancienne usine de maroquinerie Delvaux dans le centre de Bruxelles. C'est dans ce bâtiment industriel, qui fut également une imprimerie, que vous pourrez déguster l'une des meilleures cuisines internationales du centre de Bruxelles, dans laquelle les inspirations du monde se mêlent aux produits locaux et de saison. Bon point également pour la très belle carte des vins du Nouveau Monde, présentée sur une tablette.

La Manufacture

Bouchéry

7

CARTE 6

Ciaooo Pizzeria

Avenue du Diamant 199A, 1030 Schaerbeek

www.ciaooopizzeria.be

—

Ce ne sont pas les pizzerias qui manquent à Bruxelles, mais on trouve difficilement mieux que Ciaooo Pizzeria à Schaerbeek, une vraie pizzeria de tradition napolitaine avec des *pizze fritte* et des *pizze canotto* au feu de bois. Ce que nous aimons en particulier chez Ciaooo, ce sont les pizzas « saisonnières » qui changent régulièrement : nous nous souvenons en particulier d'une de leurs pizzas blanches à la *salsiccia* et truffe. N'ayons pas peur de le dire : leurs pizzas sont encore meilleures que celles que nous avons dégustées à Naples !

8

CARTE 9

Bouchéry

Chaussée d'Alsemberg 812/A, 1180 Uccle

www.bouchery-restaurant.be

—

Le Bouchéry c'est une équipe jeune, dynamique et surtout innovante qui a élu domicile dans une jolie maison d'Uccle à la décoration simple mais efficace. Le chef Damien Bouchéry aime mettre en avant des produits bios et locaux, issus de petits producteurs, dans des assiettes saines, très végétales et poétiques. À vous de choisir entre le buffet végétarien du midi ou le menu surprise gastronomique et tout en légèreté du soir. Les deux formules vous raviront les papilles.

9

CARTES 1-3-4

Knees to Chin

Rue de Livourne 125 & rue de Flandre 28,
1000 Bruxelles & chaussée d'Alsemberg 148,
1060 Saint-Gilles
www.kneestochin.com

—

Knees to Chin, ce sont les spécialistes des rouleaux de printemps ! Dans les deux petits restos à la déco tendance, vous pourrez déguster de gros rouleaux bien remplis, aux saveurs originales, et une sauce spéciale proposée avec chaque roll. Nos préférés : le rouleau scampis et sa sauce citronnelle ou encore l'émincé de poulet avec sa délicieuse sauce aux cacahuètes. Un régal sans lactose et presque sans gluten. Les végétariens y trouveront aussi leur bonheur.

10

CARTE 8

Don Luis

Avenue Clays 107, 1030 Schaerbeek
www.restaurantdonluis.com

—

Don Luis est un restaurant de cuisine portugaise moderne qui propose des spécialités culinaires venues de toutes les régions du Portugal et préparées avec les meilleurs ingrédients. Une très belle introduction à la cuisine portugaise, accompagnée de très bons vins du pays. Attendez-vous à être les seuls non-portugais dans la salle ! Pour les amateurs de découvertes culinaires un peu particulières et les très bons mangeurs, on y trouve notamment la fameuse *francesinha*, une sorte de croque-monsieur version XXL typique de la région de Porto.

Knees to Chin

Notos

11

CARTE 6

Hanoï Station

Avenue des Celtes 6, 1040 Etterbeek

hanoistation.be

—

Situé dans le quartier du Cinquantenaire, Hanoï Station est un petit restaurant dédié à la *street food* vietnamienne, très animé le midi. Dans la petite cuisine ouverte, les cuistots ne cessent de s'agiter pour envoyer plus vite que leurs ombres les soupes (dont le fameux *Phô*), bouchées vapeur, rouleaux et grillades. Quelques bouchées de *Banh Cuon* ou de *Bun Cha* suffisent à nous donner l'impression d'être de retour au Vietnam.

12

CARTES 4-10

Notos

Rue de Livourne 154, 1000 Bruxelles

notos.be

—

Voyager en Grèce sans quitter Bruxelles, c'est possible grâce au Notos. Ce n'est pas pour rien que le restaurant du chef Constantin Erinkoglou a été élu meilleur restaurant grec au monde en dehors de la Grèce il y a quelques années.
À chaque fois c'est un pur bonheur : des produits simples et frais cuisinés à la perfection, des plats typiques remis au goût du jour (on est loin des mezzés et moussakas traditionnels !), le tout servi avec le sourire… serait-ce la recette du bonheur à la grecque ?

13

CARTE 6

Cool Bun

Rue Berckmans 34, 1060 Saint-Gilles
& rue Stevin 168, 1000 Bruxelles
www.cool-bun.be

—

Envie d'un burger grillé à la flamme, préparé à base de produits locaux et bios, et entièrement fait maison ? C'est chez Cool Bun que vous trouverez votre bonheur ! Le petit plus de ce restaurant de *fast food* pas comme les autres, ce sont les recettes vraiment originales et des noms qui le sont tout autant. Si vous n'arrivez pas à choisir, la formule « Mini Burgers » vous propose The Godfather, Jon Snow et Jack Sparrow dans la même assiette. Le dernier, avec son bacon grillé, cheddar fumé et sa sauce au Jack Daniels est notre burger préféré de tout Bruxelles.

14

CARTE 1

Gramm

Rue de Flandre 86, 1000 Bruxelles
grammrestaurant.be

—

Parmi les petites perles gastronomiques de la rue de Flandre, notre préférée est sans aucun doute le restaurant Gramm. La cuisine pourrait être qualifiée de « bistronomie fusion ». Les assiettes du chef franco-japonais Nakata Kenzo sont élégamment présentées et les accords de saveurs sont souvent très originaux : c'est un vrai voyage culinaire qui nous emmène dans différentes contrées pendant tout le repas. Menu unique aussi bien le midi que le soir.

Gramm

Le Malte

15

CARTES 3-9

Forcado - Pastelaria Portuguesa

Chaussée de Charleroi 196, 1060 Saint-Gilles

forcado.be

—

Le temple des *pasteis de nata* à Bruxelles, ces petites tartelettes portugaises au jaune d'œuf si populaires, c'est Forcado à Saint-Gilles. Loin de jouer sur les tendances, cette pâtisserie portugaise comble ses clients depuis plus de 35 ans avec des *pasteis* aux multiples saveurs et d'autres douceurs portugaises comme la seconde spécialité de la maison, le *bolo de requejao* (tarte au fromage). À déguster dans le salon de thé à l'arrière de la boutique ou à emporter.

16

CARTE 3

Le Malte

Rue Berckmans 30, 1060 Saint-Gilles

www.lemalte.be

—

Avec son jardin secret et son ambiance tamisée, ses tables éclairées à la bougie et sa décoration tout en bois, ce restaurant est l'endroit parfait pour passer une soirée romantique en tête à tête autour de plats simples mais gourmands, comme la délicieuse tagliata de bœuf. La cuisine proposée par le restaurant Le Malte est assez éclectique, il s'agit d'une cuisine méditerranéenne au sens large, avec des touches de cuisine française et même africaine. Bref, il y en a pour tous les goûts.

17

CARTE 3

Le Taj

Rue de l'Hôtel des Monnaies 33, 1060 Saint-Gilles

—

Notre petit coin d'Inde préféré à Bruxelles, c'est le Taj ! On pourrait passer devant sans le remarquer mais si la décoration est un peu kitsch, on retrouve dans son assiette de vraies saveurs des quatre coins de l'Inde et du Népal. Le tout pour un prix vraiment démocratique. Difficile de vous recommander un plat en particulier : tout ce que nous avons pu goûter sur leur longue carte s'est révélé délicieux.

18

CARTE 4-10

Izakaya

Chaussée de Vleurgat 123, 1000 Bruxelles

—

Manger chez Izakaya, c'est voyager au Japon le temps d'un repas. Pas de touristes, quelques Occidentaux mais surtout des habitués japonais dont les bouteilles de saké entamées ornent le dessus du comptoir. On vous conseille de réserver une table au comptoir pour pouvoir observer le « sushi master » à l'œuvre. Ici, pas de sushis ou de makis mais de délicieux sashimis, yakitoris, bols de riz et autres plats à base de poisson et crustacés. Un vrai petit *izakaya* (brasserie) comme au Japon !

19

CARTE 2

La Pizza è Bella

Rue Lebeau 75, 1000 Bruxelles

lapizzaebella.be

—

Derrière La Pizza è Bella se cache Carmine Russo, troisième génération d'une famille napolitaine de pizzaïolos : des recettes de pizza inventées par le papa sont d'ailleurs à la carte ! Si vous avez la chance d'être servi par Carmine, il se fera une joie de vous raconter leur histoire. Il a l'art de donner envie de dévorer tout ce qui se trouve à la carte, soit pas moins d'une vingtaine de pizzas… Il y a de quoi faire ! Outre les pizzas, mention spéciale pour les spécialités du sud de l'Italie : fritures napolitaines dont la fameuse *frittatine di pasta*, *arancini*, *crostoni*, etc. Les ingrédients sont importés essentiellement de Campanie.

20

CARTES 4-10

Le Fruit Défendu

Rue de Tenbosch 108, 1050 Ixelles

—

Le Fruit Défendu est un petit restaurant de cuisine française que l'on vous recommande particulièrement pour une soirée en tête à tête dans une ambiance feutrée, avec un agréable service et une carte à base de produits frais et de saison. Vous trouverez ici une cuisine bistronomique qui ne cherche pas à en faire trop et qui mise tout sur les produits. Le lunch est également un excellent rapport qualité-prix.

21

CARTE 9

Brinz'l
Rue des Carmélites 93, 1180 Uccle
www.brinzl.be

—

Après avoir travaillé au restaurant doublement étoilé Bon-Bon, la jeune chef Laure Genonceaux a ouvert son propre restaurant en 2016. On retrouve ses origines mauriciennes dans la décoration du restaurant mais aussi à la carte : les accras d'aubergine, ou *Brinz'l* en créole, sont un beau clin d'œil à la cuisine de là-bas. Pour le reste, la cuisine de la cheffe est essentiellement belgo-française et met en avant de beaux produits de saison dans des plats soigneusement présentés. Une adresse à suivre de près et un excellent rapport qualité-prix pour une cuisine haut de gamme.

22

CARTE 10

Le Jules d'Émilie

Avenue du Bois de la Cambre 25,
1170 Watermael-Boitsfort
lejulesdemilie.com

—

Dans le style « bistronomie de quartier », c'est notre adresse préférée à Bruxelles. Si vous avez envie d'un repas à base de produits frais et à prix corrects, vous êtes au bon endroit. La carte est présentée sur une grande ardoise noire et le choix n'est pas énorme puisque tout est fait maison, du coup on a envie de tout goûter ! On vous recommande la spécialité du chef, les huîtres de Normandie gratinées dont la composition varie en fonction des saisons.

23

CARTES 4-5-8

Ergon

Boulevard Lambermont 1, 1000 Bruxelles &
rue du Parnasse 1, 1050 Ixelles

www.ergonfoods.com

—

Ce petit Deli grec est parfait pour une pause entre amis, que ce soit après une séance de shopping au Docks Bruxsel ou après l'un des fameux apéros de la place du Luxembourg, puisque cette petite chaîne grecque de qualité possède désormais deux adresses à Bruxelles. Ergon est à la fois une petite épicerie où l'on trouve de très bons produits grecs soigneusement sélectionnés, et un restaurant grec avec une carte gourmande faite de bons petits plats à se partager, dont un bel assortiment de mezzés qu'on vous recommande.

24

CARTE 10

Lou Fèrri

Avenue du Prince de Ligne 14, 1180 Uccle

www.louferri.be

—

Ce restaurant de cuisine provençale et camarguaise est spécialisé dans les préparations à la truffe. Après plusieurs années à Uzès dans le Sud de la France puis à Havelange en Ardenne, la chef Karin Burton est revenue à sa ville d'origine, toujours avec la même passion pour le Sud. À la carte, une cuisine on ne peut plus fraîche et de saison, entre tradition et innovation, et à base de produits en provenance directe du Sud, puisque la chef n'hésite pas à aller les dégoter elle-même chez ses producteurs en enchaînant les allers-retours.

25

CARTES 6-10

Émile Bistro

Avenue Émile de Beco 22, 1050 Ixelles

emilebistro.com

—

Émile, c'est le bistrot de quartier que l'on aimerait avoir près de chez soi ! Outre l'accueil très sympathique, on y va surtout pour sa carte simple mais de qualité, faite de classiques de la cuisine de brasserie et, sur l'ardoise, de suggestions plus originales qui changent régulièrement. Côté boissons, Émile propose une belle sélection de bières issues de micro-brasseries belges, ainsi que quelques vins choisis avec soin. Ce petit restaurant-bistrot au look un peu vintage est une pépite cachée pour les amateurs de cuisine gourmande et conviviale.

26

CARTES 4-5

Le Séoul

Rue Capitaine Crespel 14, 1050 Ixelles

—

La spécialité de ce restaurant coréen est le barbecue à la coréenne, ou *bulgogi* pour les intimes. La viande de bœuf, préalablement marinée, est grillée sur le milieu du gril tandis que les oignons, champignons et autres accompagnements mijotent tranquillement dans un bouillon savoureux. À vous de choisir entre la fondue coréenne, constituée de viande en morceaux, ou le barbecue à la viande à l'os. De quoi se régaler dans une ambiance simple et conviviale !

Émile Bistro

27

CARTE 2

Coco Donuts

Rue Sainte-Anne 36, 1000 Bruxelles
cocodonutsbrussels.be

—

Ce petit café spécialisé dans les donuts près du Sablon est l'endroit parfait pour une pause sucrée au cœur de Bruxelles. Les donuts artisanaux sont réalisés à partir de pâte à brioche, avec des ingrédients locaux et/ou bios. Vous ne pourrez que tomber sous le charme de l'endroit et de ces merveilleuses douceurs. Beurre de cacahuète et jelly, sirop d'érable et noix de pécan, violette, cuberdon et lavande, ou encore chocolat blanc et spéculoos : le plus dur est de choisir !

28

CARTE I

Atelier Dierendonck Brussels

Rue Sainte-Catherine 24, 1000 Bruxelles

www.dierendonck.be

—

Depuis 2017, la star des bouchers flamands régale les carnivores exigeants à Bruxelles et ne désemplit pas. Le produit phare est la viande de bœuf : West-Vlaams, Salers, Holstein, Black Angus… Si vous avez envie de viande maturée, on vous emmène à l'arrière pour choisir votre pièce. Les autres types de viande ne sont pas en reste et l'achalandage varie selon les saisons. Le produit y est roi. Surtout n'hésitez pas à demander conseil aux bouchers pour choisir et préparer votre viande, ils sont une mine d'information.

29

CARTE 2

Catherine

Rue du Midi 23, 1000 Bruxelles

fromagerie-catherine.be

—

Ce qui saisit quand on entre dans la petite boutique de Catherine, c'est l'odeur du fromage et il y en a partout ! Dans les frigos, sur des tables… De Belgique, de France, d'Italie ou d'Irlande, c'est l'excellence qui détermine si le produit se retrouvera en vente. Sans parler des charcuteries, confits et vins qui sont sélectionnés avec autant de soin. La patronne et son mari se feront un plaisir de bavarder et de vous faire goûter leurs fromages car chez eux, on a le beurre, l'argent du beurre, mais surtout le sourire de la crémière.

30

CARTES 8-11

Darcis

Basilix Shopping Center, avenue Charles-Quint 420, 1082 Berchem-Sainte-Agathe & Docks Bruxsel, boulevard Lambermont 1, 1000 Bruxelles

www.darcis.com

—

Chez Jean-Philippe Darcis, c'est la générosité verviétoise qui s'exprime. L'artisan-chocolatier n'a pas peur de dire qu'il fabrique toujours des pralines et s'il est connu pour ses ganaches, ce sont ses macarons qui sont devenus sa marque de fabrique ! Ils sont grands, bien fourrés mais c'est surtout avec ses créations éphémères que Darcis brille. Ne ratez pas ses macarons saveur lacquemant, cette gaufre liégeoise nappée de sirop à la fleur d'oranger.

31

CARTE I

Frederic Blondeel

Quai aux Briques 24 et 36, 1000 Bruxelles
www.frederic-blondeel.be

—

La passion de ce chocolatier pointu est de mélanger des épices et herbes telles que safran, poivre, basilic ou encore citronnelle à ses chocolats, que ce soit sous forme de pralines ou de chocolat chaud. Si le salon de thé, situé à Sainte-Catherine, est complet ou s'il fait chaud, on trouve à quelques pas son atelier-glacier où l'on peut déguster la meilleure stracciatella que nous connaissons. Avis aux amateurs de sorbets : ils ne sont pas en vitrine, pensez à demander les parfums du jour !

32

CARTE 3

Marché bio des Tanneurs

Rue des Tanneurs 58, 1000 Bruxelles

terrabio.be

—

Marché bio ouvert du mardi au dimanche dans l'Atelier des Tanneurs, où les habitants du quartier et les familles à vélo viennent remplir leurs paniers. Une ambiance détendue et à l'abri des éléments puisque le marché est couvert. Ce sont les fruits et les légumes qui tiennent le haut du pavé, ainsi que les produits en vrac tels que riz, huile et fruits secs. On y trouve aussi un comptoir à fromages et un petit coin pour la viande. Tout est super frais et les prix sont parmi les plus raisonnables de Bruxelles. Seul bémol : le dimanche, c'est bondé !

33

CARTE 10

Farci

Chaussée de Saint-Job 666, 1180 Uccle

www.farci.be

—

La spécialité de Farci : les légumes farcis ! Végan, végétarien ou carnivore : chacun y trouve son compte, puisque la dynamique Tiffany décline ses farcis bios et de saison pour plaire à tous. Le tout est fait maison, et en grande partie sans gluten et sans lactose. En plus de l'espace traiteur, le magasin comporte un espace épicerie fine avec une belle sélection de produits gourmands.

34

CARTE 3

Los Agaves

Avenue Jean Volders 4A, 1060 Saint-Gilles

—

Los Agaves, c'est le petit resto mexicain parfait qu'on attendait depuis si longtemps, où l'on mange copieusement et pour pas cher dans une ambiance qui donne l'impression d'être au Mexique le temps d'un repas. Tout est fait minute, et malgré une carte assez simple on a du mal à choisir entre les *tacos*, *quesadillas*, *empanadas* et plats du jour comme le délicieux poulet *mole*. Énormes margaritas pour arroser le tout. L'idéal pour un moment relax entre amis !

Farci

35

CARTES 1 -10

Menma

Avenue des Saisons 123, 1050 Ixelles &
quai aux Briques 34, 1000 Bruxelles

—

Ici, on déguste en toute simplicité de délicieux *ramens* comme au Japon. Les copieuses soupes de nouilles faites maison sont composées d'une majorité de produits belges, tout est frais et préparé de manière traditionnelle. On vous recommande particulièrement le délicieux bouillon au yuzu, la spécialité de la maison. À découvrir de toute urgence !

36

CARTES 2-5

L'S Coffee Shop

Rue du Gentilhomme 11-13, 1000 Bruxelles

—

Les meilleurs bagels de Bruxelles, selon nous, sont chez L'S Coffee Shop ! À emporter ou à manger sur place accompagnés de la soupe du jour, délicieuse elle aussi. Si vous avez encore faim, on vous recommande de craquer pour l'un des desserts faits maison, comme les excellents cookies au matcha. Décoration sympa et accueil ultra-chaleureux pour ne rien gâcher.

37

CARTE 3

Au Vieux Mila

Rue de Moscou 28, 1060 Bruxelles

—

C'est au Vieux Mila que l'on mange les meilleures ailes de poulet de notre capitale, et pourtant la concurrence à Matongé - le quartier africain de Bruxelles - est rude. Grillées ou cuites au barbecue, entre les deux cuissons notre cœur balance : on vous recommande de goûter aux deux ! Accompagnées de bananes plantains, c'est un repas simple mais dont on ne se lasse pas.

38

CARTES 3-9

La Caravane Passe

Rue de Tamines 2, 1060 Saint-Gilles
lacaravanepasse.be

—

Dans ce petit restaurant marocain familial, vous pouvez tout acheter y compris la décoration et les meubles ! La carte est simple mais la cuisine est authentique et respire le soleil : *msemens* (crêpes marocaines), couscous, pastillas, tajines… et un très sympathique brunch le week-end, le tout à un prix plus que démocratique.

39

CARTE 4

Luka

Chaussée d'Ixelles 260, 1050 Ixelles

luka.brussels

—

Chez Luka, la cuisine est décrite comme « joyeuse et délicate » et les termes ont été plutôt bien choisis.
On y mange de petits plats frais, sains, gourmands et à prix abordable, proposés sur la grande ardoise noire qui change régulièrement. Quiches, soupes, plats du jour, desserts… Les plats ont souvent un petit côté fusion avec des influences asiatiques, africaines ou belges. Les ingrédients sont issus de producteurs locaux et majoritairement bios.

40

CARTE 10

Osteria Romana
Avenue Legrand 11, 1000 Bruxelles
osteriaromana.eu

—

L'Osteria Romana se situe dans une belle maison décorée avec goût, un poil vintage, près du bois de la Cambre. Le chef italien Filippo La Vecchia a travaillé plusieurs années à Osaka et a gardé de cette période de fortes influences japonaises. Nous avons eu un énorme coup de cœur pour cette cuisine fusion italo-japonaise, une cuisine créative mettant en avant des ingrédients de qualité et de saison : truffe, poutargue, carpaccio de wagyu, prosciutto de Kobe… La spécialité du chef est plus classique : sa carbonara tout simplement divine.

41

CARTE 4

La Petite Production

Rue du Couloir 5, 1050 Ixelles

lapetiteproduction.be

—

Le brunch à La Petite Production c'est tous les jours et toute la journée avec en vedette les pancakes et les œufs dont vous choisissez la cuisson, accompagnés de légumes de saison. Côté sucré, quelques petites douceurs faites maison et tout aussi exquises, comme le moelleux au citron.

42 CARTES 6-10

L'Oriento

Chaussée de Wavre 1735, 1160 Auderghem &
chaussée de Wavre 341, 1040 Bruxelles
loriento.com

—

Dans ses deux adresses de la chaussée de Wavre, L'Oriento propose une cuisine orientale moderne et créative, qui s'inspire du Maroc, du Liban, de la Turquie, ou encore de la Syrie : toutes les saveurs en un seul endroit. On vous recommande en particulier le brunch, très varié, qui change d'une semaine à l'autre : houmous, salades de légumes grillés, halloumi, pâtisseries orientales... Ce buffet très copieux est sans doute l'un des meilleurs brunchs de Bruxelles !

43

CARTES 4-9

Declercq Café-Garage

Rue du Page 46, 1050 Ixelles

declercq.brussels/restaurant

—

Manger ou boire un verre chez un concessionnaire ? Quelle idée ! Et pourtant, chez Declercq, vous voilà en train de déguster un petit café tout en regardant les clients qui essaient de se décider sur la couleur de leur future nouvelle voiture. On peut donc y boire un verre, manger sur le pouce (bagnats, salades, desserts, etc. copieux avec d'excellents produits et pas cher !) au comptoir, ou déjeuner dans le coin restaurant. Le tout avec un service chaleureux et attentionné.

44

La French

Place Saint-Job 14, 1180 Uccle

www.lafrenchepicerie.com

CARTE 10

—

La French est une épicerie fine de luxe qui réunit à Uccle la *crème de la crème* des produits du terroir français. La sélection est très qualitative, et qui plus est très élégamment présentée dans cette ancienne pharmacie de la place Saint-Job : on ne sait où donner de la tête ! Belge ou expat', c'est l'occasion de (re)découvrir les produits de petits et plus grands producteurs : huiles, épices, alcools, confiseries, cafés, vins, jus, fromages, charcuteries…

45

CARTE 10

Le Cap du Vivier d'Oie

Chaussée de Waterloo 1229, 1180 Uccle

www.lecapduvivierdoie.be

—

À la poissonnerie Le Cap du Vivier d'Oie, le sushiman Hirota Koichi (ancien du restaurant Tagawa) prépare les poissons de la marque Côtes Normandes issus de la pêche durable dans les règles de l'art. La spécialité : le thon rouge pêché selon la technique ancestrale japonaise *Ikejime*, une technique respectueuse du poisson qui permet également d'en préserver le goût. Un vrai régal !

46

CARTE 8

Le Côté Gourmand

Avenue Paul Deschanel 6, 1030 Schaerbeek

www.cote-gourmand.be

—

Après vous être promenés dans le parc Josaphat, arrêtez-vous à la boulangerie-pâtisserie Côté Gourmand, qui vous propose café, goûter et lunch. Choisissez parmi les gâteaux du jour ou les petites pâtisseries tels qu'éclairs, tarte au chocolat, gâteau au caramel et nougat, posez-vous tranquillement dans la partie restauration d'où on peut voir les pâtissiers au travail, admirez la jolie verrière et profitez !

47

CARTE 6

Pâtisserie Sasaki

Avenue des Franciscains 10,
1150 Woluwe-Saint-Pierre
www.patisserie-sasaki.be

—

Le chef pâtissier japonais Yasushi Sasaki est le maître des pâtisseries délicates et raffinées, essentiellement de traditions française et belge, mais avec une précision typiquement japonaise et tout en intégrant quelques produits venus de là-bas. Parmi les valeurs sûres : le croissant à la crème et l'éclair au matcha, tout simplement divins. C'est notre pâtisserie préférée à Bruxelles pour les gâteaux et viennoiseries, sans aucune hésitation !

48

CARTE 2

Véronique Toefaert, table d'hôtes

Galerie de la Reine 7, 1000 Bruxelles

—

Pour une expérience unique en son genre, réservez la table d'hôtes de Véronique ! Cette amoureuse de cuisine belge et française et de l'art de recevoir accueille ses convives tous les dimanches soir dans son appartement situé en plein dans les galeries Saint-Hubert ! Un cadre exceptionnel, pour une hôtesse exceptionnelle. Un samedi par mois, elle organise une table spéciale francophile pour apprendre le français en cuisinant.

49

CARTE 3

Le Comptoir Belge

Avenue Jean Volders 72, 1060 Saint-Gilles

—

Saviez-vous que l'on produit du rhum à Liège ? Voilà un des petits secrets que l'on apprend au Comptoir Belge, une épicerie où tout, depuis les crèmes pour les mains jusqu'aux granolas maison en passant par les confitures et spiritueux, est *made in Belgium*. On y fait des découvertes étonnantes !

50

CARTE 3

Holy Smoke

Avenue de la Porte de Hal 9-10, 1060 Bruxelles

—

Chers amis végétariens, passez votre chemin ! Holy Smoke, première adresse de *Texas BBQ* à Bruxelles, est le temple de la viande. Qui dit barbecue à l'américaine, dit viandes cuites lentement au fumoir : chaque jour, dans le grand fumoir texan, ribs de porc et de bœuf, saucisses et brisket cuisent entre 4 et 20 heures. Le résultat est incroyable ! Le tout est accompagné, comme le veut la tradition, de *cornbread*, *coleslaw* et pickles… et de bourbon pour ceux qui veulent tenter l'expérience jusqu'au bout.

Aimer
boire un verre

On trouve encore à Bruxelles de véritables stamcafés ou bistrots de quartier, avec leur mobilier en bois et leurs affiches de spectacles. Mais depuis quelques années, on assiste surtout à une explosion de nouveaux concepts : entre les coffee bars, les bars où l'on ne trouve que des bières de micro-brasseries et les bars à cocktails, voici quelques-uns de nos préférés.

51

CARTE I

Le Kaffabar

Place Rouppe 1, 1000 Bruxelles

kaffabar.be

—

Installé dans un coin un peu délaissé du centre, le Kaffabar s'est déjà construit une belle réputation pour la qualité de son café. On est accueilli par Marcel, le bouledogue du propriétaire, avant d'avoir la lourde tâche de choisir quel café prendre (ou alors un cocktail à base de café ?). Et si le café n'est pas votre tasse de thé, essayez le chocolat chaud version intense. Un des meilleurs de la ville selon nous !

52

Brussels Beer Project

CARTE I

Rue Antoine Dansaert 188, 1000 Bruxelles

www.beerproject.be

—

BBP est un peu le trublion de la scène brassicole belge. Brasserie participative née en 2013, BBP a installé ses cuves rue Dansaert et on peut venir déguster leurs créations chaque fin de semaine dans un décor brut de décoffrage. On est loin de la grande tradition belge : BBP n'hésite pas à arpenter des chemins de traverse au niveau des types de bières et des ingrédients (pain invendu, fruits exotiques…). On aime ou pas. Certaines créations font mouche, d'autres tapent quelquefois à côté mais l'expérience reste toujours intéressante.

53

Lord Byron

CARTE I

Rue des Chartreux 8, 1000 Bruxelles

—

Sans faire de bruit, ce bar a creusé son trou dans un quartier qui ne manque pas d'options. Le Lord Byron est fait pour ceux qui aiment le calme et les confidences sous une lumière tamisée. Il n'y a que quelques tables, le décor est fait de bric et de broc mais on s'y sent bien tout de suite et c'est pour cela qu'on y revient. La carte fait la place belle aux cocktails classiques et aux whiskies. Bajram, le proprio kosovar, a concocté un *kosovar coffee* avec du raki à la place du whisky. À tester (en plus, il reste ouvert *très* tard).

54

CARTES 2-6

OR Espresso Bar

Rue A. Orts 9, 1000 Bruxelles & place Jourdan 13a, 1040 Etterbeek

orcoffee.be

—

OR, c'est l'enfant de Tom Janssen et Katrien Pauwels. Torréfacteurs à leurs débuts, ils s'impliquent un peu plus dans l'achat du café, jusqu'à faire en sorte que 70% des grains soient achetés directement aux producteurs. Le résultat ? Des cafés de grande qualité, soigneusement sélectionnés, avec une variété de méthodes pour les préparer (chemex, aeropress, etc.). Leur cappuccino est un vrai délice et quant au bar, c'est le style industriel avec murs de briques apparentes et tables en bois qui règne. On y trouve aussi une grande table commune pour travailler entre amis.

55

CARTES 1-7

Chez Bobonne

Quai aux Barques 4, 1000 Bruxelles

chezbobonne.be

—

Une petite pépite, un peu à l'écart du Sainte-Catherine tendance. Le décor y est organique avec beaucoup de plantes et de matériaux naturels. Une fois la carte en main, vous aurez compris pourquoi vous avez fait le déplacement : toutes les bières viennent de petites brasseries locales, que de découvertes à faire ! Laissez-vous guider par les deux jeunes patrons ou par le tableau de classement des bières établi par les clients. On peut y manger, s'amuser avec des jeux de société, et concerts et dégustation y sont régulièrement organisés.

OR Espresso Bar

A.M. Sweet

56

CARTE 7

Damejeanne Café

Boulevard d'Ypres 33, 1000 Bruxelles

—

Deux frères napolitains sont à la tête de ce sympathique établissement qui a introduit la tradition italienne de l'*aperitivo* dans le quartier. Entre 18 et 20 heures, on se bat pour trouver une place et se poser pour déguster un spritz ou les variantes proposées au menu et aller se servir au comptoir. Selon les jours, vous tomberez sur des pâtes, des morceaux de *pizze* et de *focaccie* sorties toutes fraîches de la cuisine. *Salute* !

57

CARTE 1

A.M. Sweet

Rue des Chartreux 4, 1000 Bruxelles

—

Derrière leur comptoir en bois, presque cachés par les boîtes de thés, les sachets de bonbons, les boîtes de chocolats Gerbaud et autres sucreries, Anne-Marie et Gilbert sont à la barre de ce *tea room*. Le couple fait partie du charme de cette vieille maison pleine de cachet et régale ses clients de thés Mariage Frères et de petites pâtisseries maison telles que le financier pistache. Un havre de paix et de douceur qu'on a toujours du mal à quitter.

58

CARTES 4-5

Fika

Rue de la Paix 17, 1050 Ixelles

—

Fika, c'est le mot suédois pour la pause-goûter et il suffit d'entrer dans ce petit café pour se croire soudainement transporté à Stockholm ou Göteborg : c'est une odeur familière qui vous chatouille le nez… et puis vous les voyez : les *kannelbullar*, les brioches à la cannelle. Le décor est fait de bois clair, de quelques coussins bleus et de plantes vertes. On vous sert un café rond et profond ou un délicieux cappuccino (le meilleur après OR, voir n°54) : voilà, l'illusion est parfaite !

59

LIB - Life is Beautiful

CARTE I

Rue Antoine Dansaert 161, 1000 Bruxelles
www.libcocktailbar.com

—

LIB est le bar à cocktails que l'on conseille à tous les amateurs de mixologie. Chez LIB, les cocktails sont pointus, les présentations soignées et souvent très originales, mais l'ambiance reste détendue. Tout cela grâce au duo de choc à la tête de LIB, Harouna au bar et Caroline au service et en cuisine. Un couple de passionnés qui vous accueille toujours avec le sourire, car la vie est vraiment belle chez LIB !

60

CARTE 8

Le Barboteur - Bièrothèque

Avenue Louis Bertrand 23, 1030 Schaerbeek

—

L'endroit se définit comme une « bièrothèque » et quand on voit toutes ces bouteilles alignées bien sagement sur les étagères tels de beaux ouvrages, c'est l'effet que ça fait. Il y a de quoi rester songeur devant le choix mais vous pouvez ensuite décider d'emporter votre trouvaille, ou de la boire sur place. De plus, Le Barboteur offre quelques bières au fût, dont la sienne, l'IPA de Papa, brassée par la Brasserie de l'Ermitage.

61 Maison Renardy

CARTES 4-5

Chaussée de Wavre 111B, 1050 Ixelles

—

Ce salon de thé est une petite bulle de calme dans le quartier très animé de Matongé. Dans un intérieur classique décoré avec chic, on découvre pas moins d'une vingtaine de cafés différents ainsi que plus d'une centaine de thés. Même pour le chocolat chaud, vous avez le choix entre des cacaos de plusieurs provenances et intensités ! À accompagner de douceurs faites maison : pâtisseries, viennoiseries, pains et pralines.

62

CARTE 4

Cup 28

Rue du Bailli 34, 1000 Bruxelles

—

Intérieur cosy parfait pour travailler et terrasse pour les beaux jours : c'est dans ce cadre charmant que Cup 28 sert le meilleur *matcha latte* de Bruxelles. Il est préparé ici de manière traditionnelle avec le petit fouet en bambou, et ils ont plutôt la main. Tout comme pour le *latte art*, d'ailleurs. Pour les gourmands, ne manquez pas leurs énormes *Bubble Waffles* qui existent également au matcha !

63

CARTE 10

Le Cave

Avenue Legrand 13, 1000 Bruxelles

—

Si l'envie vous prend de découvrir d'autres vins que les classiques vins français que l'on vous propose le plus souvent dans les restaurants, direction l'Italie et la sélection de vins méticuleuse du bar à vins de l'Osteria Romana (voir n°40), Le Cave. Pour accompagner votre verre, ils offrent un beau choix d'antipasti. Le petit plus : un cadre cosy, de la musique agréable et une touche vintage. En *afterwork*, en apéro ou pour un dernier verre, c'est toujours une bonne idée !

Cup 28

Le Seventy Five

64

CARTE 2

Le Seventy Five

Rue des Alexiens 75, 1000 Bruxelles

—

Le concept du Seventy Five est plutôt original : on trouve ici des formules « gin et burgers », à partir de 15 euros. Une super affaire ! À ce prix-là, ce ne sont pas les burgers les plus consistants de Bruxelles, mais pour une soirée entre amis c'est l'idéal et les gin tonics sont très bons. On adore également la décoration, féérique et plus cosy à l'étage.

65

CARTES 3-9

Le New Chattouille

Rue Tasson-Snel 11, 1060 Saint-Gilles

—

Le premier *cat café* de Bruxelles accueille les amoureux de félins dans un petit café de Saint-Gilles. Le principe : tout en buvant un verre ou en dégustant un gâteau fait maison, vous avez la possibilité de caresser ou de jouer avec les chats du café. Ils sont entre cinq et six et sont tous à l'adoption puisque le Chattouille travaille en collaboration avec Ever'y Cat, l'ASBL des chats errants d'Evere. D'ailleurs, une partie des recettes est utilisée pour en sauver d'autres. Alors, vous reprendrez bien un peu de ronron ?

66

CARTE 4

Humus x Hortense

Rue de Vergnies 2, 1050 Ixelles

www.humusrestaurant.be

—

Humus x Hortense, c'est l'association de deux concepts innovants : d'un côté Hortense, le bar à cocktails pointu qui se trouvait au Sablon ; et de l'autre Humus, un restaurant de légumes. Les deux se sont retrouvés dans un cadre splendide près de la place Flagey, et proposent des repas gastronomiques avec des accords cocktails, alcoolisés ou non, pour accompagner chaque plat, le tout dans une réflexion zéro déchet.

67

CARTES 4-5

Contrebande

Place Fernand Cocq 6, 1050 Ixelles

—

Contrebande, c'est le bar à bières parfait pour une soirée entre amis sur la place Fernand Cocq. À la carte, une grande sélection très pointue de bières belges et artisanales, à accompagner du plat malté (à base de bière) du moment. S'il fait beau, foncez en terrasse, bien cachée à l'arrière du bar mais très agréable !

68 Le Balmoral

CARTE 9

Place Georges Brugmann 21, 1050 Ixelles

lebalmoral.be

—

Ce *diner* à l'américaine et *milk bar* est une institution de la place Brugmann depuis 1989. Le Balmoral propose une carte de cuisine américaine (burgers, bagels, clubs sandwichs…) plutôt honnête mais on vous conseille surtout d'y aller pour les milkshakes aux goûts variés à déguster sur l'une des banquettes colorées du resto.

69 Le Grand Central

CARTE 6

Rue Belliard 190, 1040 Etterbeek

www.legrandcentral.com

—

Cet immense bar à deux étages et terrasses décoré dans un style industriel assez épuré est l'un des repaires des travailleurs du quartier européen pour l'*afterwork*. À la carte, cafés, jus frais, ice tea maison, bières, alcools et cocktails variés et chaque jour de la semaine un happy hour différent : Pimm's le lundi, spritz le mardi, cocktails night le mercredi… Bref, ambiance internationale garantie tous les jours !

ALF 909
11JZ750
Iowa
470 AKT
CPR-9694
NORTH CAROLINA
Illinois
198 1919
WEST VIRGINIA
21XA183
IOWA
OUN 270
NEW YORK
BNJ-5092
'12 Arkansas
206 AMR
FLORIDA
HAWAII
SP 846
ALOHA STATE
NEVADA
Le Balmoral

70

CARTE 2

8tea5

Galerie du Centre - Shop 6 - 10, rue des Fripiers 17,
1000 Bruxelles

www.8tea5.com

—

Envie d'un *bubble tea* ? Pour déguster ces « thés aux perles » tout droit venus de Taïwan, on vous recommande 8tea5 et ses multiples saveurs ! Outre les perles de tapioca classiques, vous pouvez choisir d'agrémenter votre thé chaud ou glacé de perles de fruits ou de jelly. On préfère toutefois le « Taiwanese Classic », la version originale qui est sans doute la plus réussie !

71

CARTE 3

Jester

Avenue de la Porte de Hal 4, 1060 Saint-Gilles

—

Ceux qui aimaient l'ancien Potemkine adoreront le Jester, le nouveau bar qui a récemment pris sa place. Même déco tendance, même public jeune et branché, mais une petite nouveauté à la carte : des dim sums et spring rolls pour accompagner bières ou cocktails jusqu'en fin de soirée. Sans oublier les quelques fauteuils isolés au premier étage : l'endroit parfait pour un premier rendez-vous ?

72

CARTES 4-10

Alice Cocktail Bar

Avenue Louise 190, 1050 Ixelles

www.rougetomate.be

—

Situé à l'étage du restaurant gastronomique Rouge Tomate sur l'avenue Louise, Alice est un bar à cocktails à la décoration hyper-cosy et intimiste, dans le style d'un *speakeasy* (bar clandestin). À vous de choisir parmi les salles qui ont chacune une ambiance particulière : fumoir, salle lounge ou salle rouge où sont préparés les cocktails créatifs des mixologistes. Une expérience particulièrement agréable en *afterwork*, ou lors d'un des concerts *live* qui y sont organisés.

Alice Cocktail Bar

Aimer
se loger confortablement

Par son côté de ville de pouvoir et d'affaires, Bruxelles est longtemps restée très classique dans son offre hôtelière. Cette ère est révolue : entre l'augmentation des boutiques-hôtels originaux et des grandes chaînes qui bousculent leurs codes, le choix devient de plus en plus attrayant, surtout pour quiconque estime qu'aller à l'hôtel, c'est un peu plus qu'avoir un lit où dormir.

73

CARTE 7

NH Bloom

Rue Royale 250, 1210 Saint-Josse-ten-Noode

www.nh-hotels.com

—

Situé juste à côté du Jardin botanique, à deux pas du métro et pionnier du concept *design hotel* à Bruxelles, l'hôtel Bloom offre à ses invités des chambres customisées par des fresques réalisées par de jeunes artistes. C'est frais, fun, les chambres sont sobres, très confortables et très bien équipées mais surtout, le petit-déjeuner est un délice. Belgitude oblige, une camionnette à gaufres trône dans la salle où l'on déjeune ! Mention honorable pour SmoodS, le bar-resto de l'hôtel.

74

CARTE !

MEININGER Hotel Brussels City Center

Quai du Hainaut 33, 1080 Molenbeek-Saint-Jean

www.meininger-hotels.com

—

Meininger a ouvert à Molenbeek en bord de canal dans une partie des anciennes brasseries Bellevue. Un ADN industriel qui convient parfaitement à cette chaîne d'auberge-hôtel berlinoise. On y trouve des dortoirs ou des chambres individuelles et familiales, toutes immenses grâce à l'espace disponible dans le bâtiment. Une bénédiction pour les voyageurs ! Le personnel est décontracté et super sympa et pour les curieux, le bar de l'auberge, avec ses graffs et la tour en brique de la brasserie qui a été conservée, vaut le détour et est accessible à tous.

75

CARTE 2

Hôtel Résidence Le Quinze

Grand-Place 15, 1000 Bruxelles

www.hotel-le-quinze-grand-place.be

—

Envie de vous réveiller avec une vue sur la plus belle place d'Europe, ne fût-ce que pour une nuit ? C'est possible car ce petit hôtel situé en plein sur la Grand-Place offre une expérience unique ! Quand vous réservez, assurez-vous que ce soit bien une chambre avec vue. On vous conseille la 12 avec sa cheminée. La déco des chambres a été rénovée dans un style « Bruxelles 58 » mais il y a encore un peu de travail de finition. Néanmoins, l'accueil du manager est adorable et on s'y sent comme à la maison.

76

CARTE 1

B&B Les Clarisses

Rue de l'Éclipse 5, 1000 Bruxelles

bb-les-clarisses.brussels-hotels.net

—

La maison où se situe le B&B n'est pas des plus charmantes mais à l'intérieur on trouve d'immenses chambres et beaucoup de cachet grâce aux plafonds à poutres si typiques des vieilles demeures bruxelloises. Même si c'est un B&B, on ne loge pas chez l'habitant mais dans une maison qui appartient aux propriétaires italiens de la Winehouse Osteria, un peu plus bas dans la rue. C'est d'ailleurs là que sont servis les petits-déjeuners. On y a même droit aux petites attentions typiques d'une maison d'hôte : petit mot, bouteille d'eau et chocolats vous attendent à votre arrivée.

77

CARTES 4-5

Hôtel Le Berger

Rue du Berger 24, 1050 Ixelles

www.lebergerhotel.be

—

Cet hôtel de charme créé dans les années '30 est unique en son genre puisqu'il s'agissait à l'origine d'un hôtel où les amants se donnaient rendez-vous pour quelques heures, en toute discrétion… Après de grandes rénovations, l'hôtel Le Berger est devenu un magnifique boutique-hôtel à thème, qui a su tirer profit de sa fonction d'origine en jouant sur le côté sexy, romantique et secret, avec ses chambres à la décoration Art déco et à l'ambiance tamisée, et son bar aux alcôves tranquilles. L'hôtel parfait pour surprendre Monsieur ou Madame !

78

CARTE 2

Hôtel Welcome

Quai au Bois à Brûler 23, 1000 Bruxelles

www.hotelwelcome.com

—

Ce petit établissement ouvert à la fin des années '80 est un bijou d'originalité. Le concept est simple : chaque chambre représente un pays visité par Sophie et Michel qui ont ramené avec eux meubles, portes et statues pour constituer leur hôtel qui fait vivre à leurs clients un vrai tour du monde. Congo, Inde, Égypte, Japon… C'est bluffant et le tout est réalisé avec beaucoup d'inventivité et de goût.

79

CARTE 2

Hôtel des Galeries

Rue des Bouchers 38, 1000 Bruxelles

hoteldesgaleries.be

—

Passer la nuit dans les Galeries royales Saint-Hubert, les galeries commerçantes historiques de Bruxelles, c'est désormais possible grâce à l'Hôtel des Galeries. L'hôtel appartient à la famille Flammarion qui possède également la Librairie Saint-Hubert à côté et qui a réussi à transformer cet espace historique en un agréable hôtel moderne, à la décoration contemporaine et épurée où les livres ont une belle place. Pour ne rien gâcher, la cuisine du restaurant de l'hôtel, Le Comptoir des Galeries, est délicieuse.

80

CARTES 4-5

Radisson RED

Rue d'Idalie 35, 1050 Ixelles

www.radissonred.com

—

Le tout premier hôtel Radisson RED au monde se trouve chez nous, dans le quartier européen de Bruxelles. L'art, la musique et la mode sont au centre de ce nouveau concept et le design de l'hôtel est particulièrement réussi ! De la galerie d'art aux grandes bulles de bande dessinée dans les couloirs et les mosaïques *made in Belgium* inspirées par Magritte dans les salles de bain : on est loin de l'hôtel business classique ! Le restaurant de l'hôtel est également très agréable, avec une belle carte de petit-déjeuner qui vaut le déplacement.

Radisson RED

Chelton Hotel

81

CARTES 4-5

Le Longue Vie B&B (B&B L'Arbre de Vie)

Rue Longue Vie 38, 1050 Ixelles

www.longuevie.be

—

Petit Bed & Breakfast bien caché au cœur du quartier africain de Matongé, Le Longue Vie B&B est un endroit inspiré par les voyages, avec des chambres aux décorations qui vous font voyager de l'Inde à l'Afrique, mais aussi dans le temps avec les chambres de style American Vintage et French Boudoir. C'est aussi très agréable de passer un peu de temps dans le grand lounge de style loft, avec son feu ouvert, son toit en verre et sa décoration chinée aux quatre coins du monde.

82

CARTE 6

Chelton Hotel

Rue Véronèse 48, 1000 Bruxelles

www.chelton.be

—

Situé dans le quartier européen, le Chelton est un hôtel assez minimaliste qui se distingue par son utilisation du bois et de matériaux recyclés qui lui donnent une petite touche originale. On vous recommande les chambres en duplex au dernier étage de l'hôtel, avec une grande terrasse privée d'un côté et un accès direct à la terrasse panoramique de l'hôtel de l'autre. Lorsqu'il fait beau, il est possible d'y manger au soleil, le restaurant de l'hôtel Henri & Agnès proposant de belles assiettes de légumes le midi et de divins brunchs le week-end.

83

CARTES 2-5

Motel One

Rue Royale 120, 1000 Bruxelles

www.motel-one.com

—

Ce grand hôtel près du parc Royal a beaucoup d'atouts pour lui : joli design mêlant les tons chocolat (on est en Belgique !) et le bleu ainsi qu'éléments typiquement belges comme les lampes Art nouveau et la dentelle de Bruxelles en motifs sur murs, fauteuils et tables. Les chambres quant à elles sont sobres et confortables et les prix sont plutôt attractifs pour un tel standing. Petit plus : la très jolie terrasse au calme, dans la cour de l'hôtel.

84

CARTES 4-5

Zoom Hotel

Rue de la Concorde 59-61, 1000 Bruxelles

zoomhotel.be

—

Pas très loin de la place Stéphanie, le Zoom est ce qu'on peut appeler un boutique-hôtel à thème. Le fil rouge : la photographie que l'on retrouve depuis le lobby avec sa collection de vieux appareils photo jusqu'aux chambres et leurs têtes de lits faites de photos sur toile tendue, le tout sur fond de décor industriel. Le petit plus : le bar avec une excellente sélection de bières !

85

CARTES 4-5

Hygge Hotel

Rue des Drapiers 31-33, 1050 Bruxelles

www.hyggehotel.be

—

Le *hygge*, l'art de bien vivre à la danoise, est devenu très tendance. Ce bel établissement a décidé de mettre en œuvre cette philosophie, non seulement en appliquant les principes mariant minimalisme, couleurs douces et plantes mais en poussant le concept jusqu'à meubler et habiller l'hôtel avec des designers nordiques, dont Marimekko, Karup ou String. Très frais ! Les chambres, elles, sont assez sobres mais leurs salles de bain en céramique mate méritent une place dans les revues de déco.

86 CARTES 2-5

Le 9Hotel Central

Rue des Colonies 10, 1000 Bruxelles

www.9-hotel-central-brussels.be

—

Murs en briques apparentes, poutres en béton et mobilier moderne : le 9Hotel Central, qui porte bien son nom puisque situé juste à côté de la gare Centrale, est un hôtel agréable avec un bar et lobby design pour se relaxer entre deux balades. Un deuxième établissement de cette petite chaîne de boutiques-hôtels se trouve au Sablon.
On y trouve un spa et des expos d'art.

87

CARTE 3

Pentahotel Brussels City Center

Chaussée de Charleroi 38, 1060 Saint-Gilles

www.pentahotels.com

—

Une chaîne d'hôtel qui change de l'ordinaire et définitivement l'une de nos préférées : les Pentahotels ont débarqué en Belgique avec un hôtel près de l'aéroport de Zaventem et un autre en ville près de l'avenue Louise. Un hôtel tendance avec un bar-restaurant où il fait bon passer du temps. Le cadre est jeune et décontracté, les chambres fonctionnelles mais confortables, et un beau catalogue de films gratuits vous attend si l'envie vous prend de passer une soirée au lit !

88

CARTE 2

Le Dix-septième

Rue de la Madeleine 25, 1000 Bruxelles

www.ledixseptieme.be

—

La légende dit que cette belle demeure du XVIIe siècle était celle de l'ambassadeur d'Espagne. C'est à présent un hôtel de charme qui a gardé tout le cachet de cette époque. Toutes les chambres portent un nom de peintre et sont décorées en conséquence. Beau mobilier, cheminée dans certaines chambres, parquet ancien dans la plus vieille partie de l'hôtel, service discret et attentionné, Le Dix-septième est une véritable parenthèse hors du temps.

Le Dix-septième

89

CARTES 4-5

Le Jardin secret

Rue du Berger 22, 1050 Ixelles

www.jardinsecrethotel.be

—

Derrière le comptoir d'un fleuriste se cache l'entrée d'un petit hôtel encore tout récent : on vous emmène par la porte de derrière et, surprise, vous voilà dans un joli jardin autour duquel se regroupent les chambres. Elles sont très joliment décorées : du bleu, du vert, réchauffés par de l'ocre, beaucoup de bois et des plantes à profusion. On aime surtout le sentiment d'être isolés de la frénésie de la chaussée d'Ixelles toute proche. Notre recommandation : la « Writer's Room » et sa grande baie vitrée.

Le Jardin secret

Aimer
se divertir

Parmi la pléthore d'activités auxquelles on peut s'adonner à Bruxelles, capitale dynamique, nous en avons sélectionné des typiques, des insolites, des ludiques, des sportives, des noctambules...
Le fil rouge : la diversité pour que chacun y trouve son bonheur !

90

CARTE 3

La Tricoterie

Rue Théodore Verhaegen 158, 1060 Saint-Gilles

www.tricoterie.be

—

Il y a quelque chose de spécial à la Tricoterie : le genre d'ambiance bohème et bon enfant qu'on ne trouve qu'à Saint-Gilles. Cette « fabrique de liens » ouvre quasi exclusivement du dimanche au lundi et on vous recommande plutôt d'y aller le lundi, pour bien commencer la semaine. Atelier de yoga, danse dans la belle grande salle arrière, le buffet des tricoteurs dans le joli café… mais pas seulement ! Consultez leur agenda pour voir ce qui s'y trame et rejoignez les tricoteurs, où on vient comme on est.

91

CARTE 10

Escape Rush

Rue de l'Automne 30, 1050 Ixelles

escaperush.com

—

Escape Rush est actuellement la plus grandiose des salles d'escape games à Bruxelles. Ce jeu d'évasion grandeur nature est devenu l'une de nos activités préférées pour une soirée conviviale entre amis ! La première salle d'Escape Rush, « Submarine Bunker », vous emmène dans un ancien bunker soviétique en Sibérie, pour neutraliser des missiles et sauver le monde en moins de 60 minutes ! Vous serez accueilli par une devanture de tailleurs *so British* à la « Kingsman » : à vous de découvrir les secrets qui se cachent derrière…

92

CARTE 2

Bonnefooi

Rue Des Pierres 8, 1000 Bruxelles
www.bonnefooi.be

—

Envie d'entendre un bon jam ou de danser jusqu'aux petites heures sans prise de tête ? Bonnefooi est là pour les noctambules ! Tous les soirs dès 20 heures, artistes, groupes ou DJ's viennent mettre l'ambiance dans ce music café qui a à la fois un côté élégant avec son balcon mais aussi un peu déglingué, juste ce qu'il faut. Avec sa programmation éclectique mais soignée et son personnel super aimable, Bonnefooi reste un des meilleurs plans de fin de soirée en centre-ville.

93

CARTE 3

Les Bains de Bruxelles

Rue du Chevreuil 28, 1000 Bruxelles

www.bruxelles.be

—

On passe facilement à côté de ce bâtiment de plusieurs étages sans se rendre compte qu'il s'agit d'une piscine, tant il ressemble à un immeuble à appartements. À l'intérieur, deux piscines : une pour l'apprentissage, l'autre pour les nageurs confirmés. Au 4e étage, imaginez-vous faire vos brasses dans une architecture Art déco avec vue sur la place du Jeu de Balle. Du coup, l'exercice semble un peu plus facile !

94

CARTE 2

Virtual Room

Rue de l'Escalier 16, 1000 Bruxelles

www.brussels.virtual-room.com

—

Virtual Room est une activité dans le même style que les escape games mais en version réalité virtuelle. On vous installe dans une petite pièce muni d'un casque et de manettes et vous vous retrouvez avec vos coéquipiers dans des mondes virtuels avec des décors à couper le souffle dans lesquels vous devez réaliser des missions en groupe : tirer à l'arc ou allumer un feu par exemple. Les sensations sont excellentes, on s'y croirait vraiment ! Accessible à partir de 12 ans.

95

CARTES 3-9

Beerstorming

Chaussée d'Alsemberg 75, 1060 Saint-Gilles

www.beerstorming.net

—

Beerstorming est une micro-brasserie un peu particulière à Saint-Gilles puisqu'elle permet à des petits groupes d'apprentis-brasseurs de venir créer leur propre bière lors d'une soirée conviviale. Durant ces ateliers de brassage, vous effectuez en groupe toutes les étapes du brassage. La fermentation dure environ trois semaines et tous les participants sont invités à revenir chercher une grosse bouteille de la bière créée quand celle-ci est prête. Une activité très originale pour les amateurs de bière !

Beerstorming.

White Cinema

96

CARTE 6

Le marché de la place des Chasseurs Ardennais

Place des Chasseurs Ardennais, 1030 Schaerbeek

—

Le vendredi soir, tant pour faire ses courses que pour prendre un apéro entre amis, on file à Schaerbeek. Ce marché a gardé sa fonction première : celle de vendre des fruits, légumes, fromages ou tout autre chose qui se mange. Proximité de la Commission européenne oblige, bon nombre d'étals vendent des produits venus de différents horizons : Italie, Hongrie, Portugal… Un mariage réussi entre tradition et tendance !

97

CARTE 8

White Cinema

Boulevard Lambermont 1, 1030 Schaerbeek

whitecinema.be

—

Le White Cinema se situe près du canal, dans le nouveau centre commercial très moderne, Docks Bruxsel. De nuit, illuminé dans les tons blanc et rose, il fait vraiment très futuriste : le design de l'endroit est particulièrement réussi ! Le White Cinema est un cinéma qui se veut haut de gamme et est essentiellement pensé pour un public d'adultes. Ici, pas de popcorn ou de chips mais un bar avec des cocktails à siroter avant ou après votre séance, ainsi que des bonbons et petites douceurs… qui ne font pas de bruit ! C'est sûr, ça change…

98

CARTE 6

L'Os à Moelle

Avenue Émile Max 153, 1030 Schaerbeek

www.osamoelle.be

—

Un endroit comme il en existe peu à Bruxelles ! L'Os à Moelle, c'est un cabaret, un vrai avec ses fauteuils et chaises recouverts de velours rouge, son carrelage noir et blanc et sa petite scène. Et qu'y trouve-t-on ? Une programmation éclectique avec des concerts, des pièces de théâtre ou one man shows, des soirées quiz ou film et bien sûr, dans la grande tradition des cabarets, des spectacles de mentalisme, de magie ou de burlesque. À découvrir !

99

Turpitour

www.turpitour.be

—

Pour découvrir Bruxelles autrement avec une touche d'autodérision, pourquoi ne pas visiter la capitale sous l'œil de ses travers, magouilles et autres imbroglios ? C'est ce que s'est dit Jean-Michel Briou, journaliste, comédien et à présent guide. On embarque dans le bus à destination de l'absurdie : Uccle et ses exilés fiscaux, Flagey et ses orgues disparues, les travers du Parlement européen ou les échafaudages du Palais de justice, le tout dans un grand éclat de rire.

100

CARTE 6

Jazz Station

Chaussée de Louvain 193,
1210 Saint-Josse-ten-Noode

jazzstation.be

—

Bruxelles est une des capitales du jazz en Europe et vit une grande histoire d'amour avec ce style. Sa plus belle preuve d'affection est le Jazz Station. Cette ancienne gare a été transformée en un véritable phare du jazz. Outre les concerts, on y trouve une résidence d'artistes, on y organise des cours, des stages et n'hésitez pas à y passer la tête si vous entendez quelques notes dans la journée : Jazz Station sert aussi d'espace de répétition et ce doit être une des expériences les plus intéressantes quand on s'intéresse à la musique.

101

CARTES 2

Brussels Sightjogging

Rue de la Madeleine 31, 1000 Bruxelles

brusselssightjogging.com

—

Comment allier l'utile à l'agréable : le sightjogging, c'est tout simplement une visite de Bruxelles, mais en faisant du jogging ! L'équipe est composée de *runners* expérimentés et amoureux de leur ville. S'il existe des circuits tout faits, ils peuvent être adaptés aux désirs des clients. Les visites se font en petits groupes (jamais plus de 5 personnes). Une manière originale de (re)découvrir Bruxelles.

102

C12

CARTE 2

Rue Marché aux Herbes 116, 1000 Bruxelles

c12space.com

—

Vous connaissez les galeries Horta qui relient la gare Centrale à la place d'Espagne ? C'est cet endroit que le collectif Deep in House, connu pour organiser des soirées électro, a investi pour créer un espace multidisciplinaire : expos, concerts, soirées et même un marché ! Quand on visite les lieux, on se rend compte de l'ambiance très berlinoise qu'ont voulu lui donner leurs concepteurs : sombre, sobre, qui laisse la place à l'essentiel. Un projet tout jeune, à suivre.

103

CARTE 2

Cinéma Nova

Rue d'Arenberg 3, 1000 Bruxelles

www.nova-cinema.org

—

Le Nova est le lieu de la contre-culture cinématographique. C'est simple, quand on entre dans ce petit cinéma, on a l'impression de pénétrer dans un club punk. Ici, on trouve des films, des documentaires, des montages qu'on ne verra nulle part ailleurs ! En somme, c'est une ouverture sur d'autres langages de cinéma mais aussi une implication dans la vie culturelle bruxelloise avec la participation à des festivals comme Offscreen, le festival du film alternatif.

104

CARTES 2-5

La Table Food & Games

Rue de l'Enseignement 63, 1000 Bruxelles

latablefoodandgames.be

—

Un restaurant sans chichis où on ne fait pas que manger : on y joue ! Des classiques aux plus obscurs, pour les petits et les grands… On s'amuse en prenant un verre ou pendant que l'on se régale de succulents burgers ou autres. Attention, lors des soirées spéciales, il est fortement recommandé de réserver !

Aimer faire les boutiques

À côté des grandes chaînes de magasins que l'on trouve partout dans le monde, il existe des tas de petits joyaux méconnus. Certains existent depuis fort, fort longtemps, d'autres se sont lancés avec des concepts innovants. Librairies, boutiques de vêtements, de cosmétiques, de plantes ou encore de bougies : faites votre choix parmi notre sélection.

105

CARTE 2

Tropismes

Galeries royales Saint-Hubert, Galerie des Princes 11,
1000 Bruxelles

tropismes.com

—

Elle a beau être connue, cette librairie au décor de cinéma reste une référence, non seulement pour sa beauté mais aussi pour le choix qu'elle offre sur ses trois étages. Vous entrerez pour l'admirer mais vous resterez pour les livres. Les plus timides se contenteront des post-it laissés par le personnel marquant leurs livres préférés, les autres iront demander les recommandations de vive voix. Avis aux passionnés de livres : vous pourrez y rester longtemps !

106

CARTE I

Bel'arte

Rue de Flandre 53, 1000 Bruxelles

www.bel-arte.be

—

Pour (se) faire plaisir et soutenir des créateurs locaux, Bel'arte est l'endroit idéal. On compte pas moins d'une centaine de créateurs dans cet étroit magasin. Une vraie caverne d'Ali Baba remplie de bijoux, accessoires, objets de déco, maroquinerie... tous issus de l'imagination de créateurs belges. On craque pour les joueurs de kicker détournés en décapsuleurs et le papier à lettres à l'image de la reine Fabiola. Le plus, c'est qu'il y en a pour tous les prix : de la jolie bougie à 9 euros aux lustres graphiques à plus de 300 euros.

107

CARTE I

Tulitu

Rue de Flandre 55, 1000 Bruxelles

www.tulitu.eu

—

Cette librairie est un peu particulière puisqu'elle se concentre sur la littérature du Québec encore très mal connue en francophonie européenne, mais pas seulement. Les libraires Ariane Herman et Dominique Jamelle y mettent aussi en lumière la littérature LGBT et féministe. L'endroit est chaleureux et on y organise un nombre de petits évènements tels que rencontres avec les auteurs et apéros annuels lors de la Foire du livre. Bref, Tulitu est fait pour ceux qui aiment lire hors de sentiers battus mais avec d'excellentes guides.

108

CARTE I

Lady Paname

Rue des Grands Carmes 5, 1000 Bruxelles
ladypaname.be

—

Élégance, distinction, classe et une sérieuse dose de glamour, telle est Lady Paname, le tout premier *love shop* de Bruxelles. Nous nous souvenons de notre première visite dans ce boudoir à jouets coquins, intimidées. Nous avons tout de suite été prises en charge par un élégant jeune homme qui nous a aidées à cerner ce que nous recherchions en faisant disparaître notre gêne initiale. Tout en délicatesse.

109

Agave

Rue Alsace-Lorraine 2, 1050 Ixelles

www.agave-boutique.be

CARTES 4-5

—

C'est en plein Matongé que l'on trouve cette petite boutique qui vend des plantes exotiques, des succulentes, des terrariums et les instruments nécessaires pour leur entretien. Agave est une véritable petite jungle et rien que pour la mise en scène de la boutique, ça vaut le détour. Si vous ne savez pas comment arranger vos plantes ou quelles plantes choisir pour votre intérieur, l'équipe peut soit vous conseiller, soit les sélectionner et les mettre en place pour vous. *Welcome to the jungle, baby !*

110

CARTE 9

Little Green Shop

Chaussée d'Alsemberg 314, 1190 Forest

www.the-little-green-shop.com

—

Cette incroyable boutique est un véritable concept store : fleuriste et salon de thé. On est d'abord accueilli par le vert luxuriant des plantes, puis par les moulures et l'intimité du petit salon de thé avant d'accéder à l'espace de confection des bouquets aux couleurs et aux formes très originales. On passerait des heures dans ce cocon à boire son thé et caresser le chien de Sarah et Nicolas, les propriétaires. Petit plus : le dimanche et un samedi par mois, c'est brunch végétarien.

111

CARTE 4

Malting Pot

Rue Scarron 50, 1050 Ixelles

www.maltingpot.be

—

Pour découvrir des productions artisanales, voire confidentielles de bières, Malting Pot est l'endroit rêvé ! Le parti pris du magasin est clair : uniquement des bières issues de brasseries indépendantes, que ce soit d'ici ou d'ailleurs. Dès qu'une marque est achetée par un grand groupe, elle laisse la place à une autre. Si vous ne savez pas par où commencer, il suffit de se laisser guider. Chez Malting Pot, on aime prendre le temps avec les clients.

112

CARTE 3

Bernard Gavilan since 1994

Boutique femme et enfants : place du Jeu de Balle
Boutique homme : rue Blaes 162, 1000 Bruxelles
www.bernardgavilan.be

—

Avant que le vintage n'explose à Bruxelles, il y avait déjà Bernard Gavilan. Fan de friperie, styliste, DJ à ses heures, il mixe et remixe les vêtements d'antan depuis plus de 20 ans. Nous avions acheté des pièces dans son premier magasin près de la Bourse et elles sont encore impeccables. Désormais revenu dans les Marolles, le quartier où il a grandi, Bernard vend dans ses deux boutiques des vêtements et accessoires de 1900 à 1990 !

113

CARTES 4-9

MakeSenz

Rue Simonis 60, 1050 Ixelles

fr.make-senz.be

—

Sophie, la créatrice de MakeSenz, vous affirmera qu'il y a une alternative à la cosmétique industrielle et c'est chez elle qu'on peut la trouver. Elle propose une gamme complète de produits pour le corps, le visage et les cheveux dont les ingrédients de base sont fabriqués en Belgique. On peut personnaliser les crèmes pour le visage avec des huiles essentielles issues de l'agriculture bio en suivant les conseils de Sophie. Pour couronner le tout, elle y donne des soins et des ateliers pour apprendre à fabriquer ses propres cosmétiques ou produits ménagers.

114

CARTES 4-9

Mellow Concept Store

Rue du Bailli 100, 1050 Ixelles & rue du Doyenné 79, 1180 Uccle - Mellow Urban : parvis de la Trinité 3, 1050 Ixelles

mellowconcept.tictail.com

—

Véritable caverne d'Ali Baba pour les fashionistas, Mellow combine à la fois vêtements de créateurs, cosmétiques, chaussures et objets de déco pour ne citer que ceux-là. Un piège pour les amoureux de jolies choses et il y en a pour toutes les bourses ! En plus des deux boutiques d'Ixelles et d'Uccle, une nouvelle adresse Mellow Urban, plus spécialisée dans les looks « denim et urbain » ainsi que les cosmétiques, a ouvert sur le parvis de la Trinité. Mellow Concept, c'est un petit empire du bon goût.

115

Heureux

CARTE 1

Rue des Chartreux 12, 1000 Bruxelles

heureuxstore.com

—

Pulls, t-shirts, pantalons, accessoires, cosmétiques, articles de papeterie… 100% masculin. Chez Heureux, on essaie de couvrir toutes les facettes de la vie d'un homme d'aujourd'hui. Ce sont les vêtements qui ont la part belle, mais pas seulement. Ils ont été soigneusement sélectionnés pour leur qualité de fabrication et leur confort par Sébastien, le patron, et chaque article de la boutique n'est pas là par hasard, ce qui donne au magasin un grand sentiment d'harmonie.

116

CARTE 2

Peau d'Âne
Rue Léon Lepage 37, 1000 Bruxelles

—

Devant Peau d'Âne, on s'arrête pour la mise en scène des mannequins et on entre pour le *made in Brussels* et les prix, somme toute raisonnables car les pièces tournent autour de 150 euros. Dans les coupes, le choix des imprimés et des matières, on sent l'amour de la styliste pour le vintage des années '60-'70 mais notre véritable coup de cœur, ce sont les imprimés et les couleurs vives qu'on ne voit pas couramment dans la mode belge. Une belle adresse pour hommes et femmes.

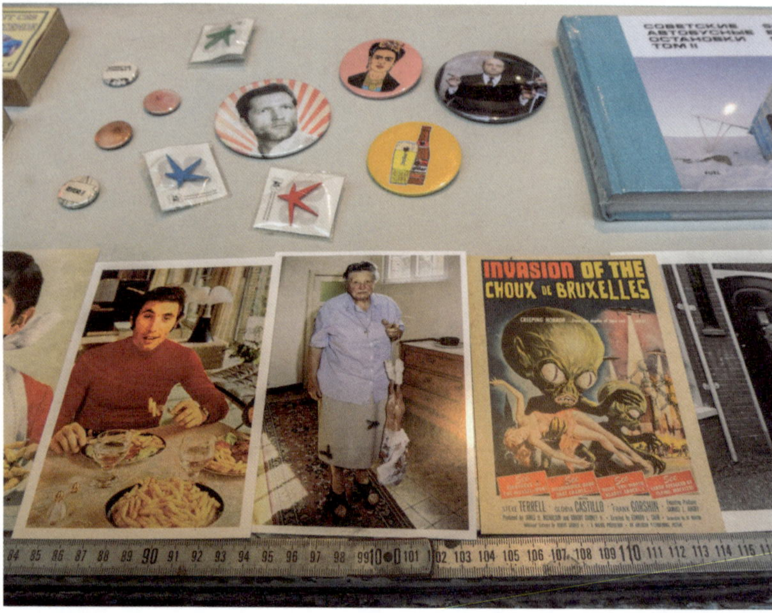

117

CARTE 2

Avec Plaizier

Rue des Éperonniers 50, 1000 Bruxelles

—

Retour dans la Belgique de papa chez Plaizier, celle de l'Expo 58, de la Sabena, de Baudouin et Fabiola, celle où Eddy Merckx gagnait tout : cartes postales, posters qui fleurent bon les temps passés… ajoutez une touche d'humour typiquement belge et vous obtenez une boutique pour (se) faire plaisir. Vous y trouverez aussi de jolies sérigraphies, des livres, carnets, badges rigolos… Impossible de ne pas craquer !

118

CARTE 3

La Frénésie

Place du Jeu de Balle 67, 1000 Bruxelles

—

Dans sa boutique, Caroline a mélangé ses deux passions : celle des fleurs et celle du vintage. Aux côtés des nombreuses plantes et bouquets couleurs pastel, on y trouve plein d'objets de déco et des meubles, dont la grande majorité a été chinée par la patronne. Une charmante adresse qui vous parlera tout de suite, surtout si, comme nous, la vue d'un service Arcopal vous fait venir une larme à l'œil en pensant aux dîners en famille de votre enfance.

119

CARTE 3

Crevette Records

Rue Blaes 146, 1000 Bruxelles

www.crevetterecords.be

—

Derrière ce nom rigolo se cache un disquaire plutôt pointu : que des vinyles, principalement de musiques électroniques des styles les plus généraux aux plus obscurs mais aussi une sélection de jazz, musique du monde, de soul… Ne vous y trompez pas : le magasin est toujours bondé le week-end. Petit plus : des tables d'écoute sont à disposition pour vous décider avant l'achat et un petit bar se trouve à l'arrière du magasin.

120

CARTE 3

Cent + Vingt + Huit

Rue Blaes 128, 1000 Bruxelles

—

Les produits et vêtements éthiques, durables et bios ont vraiment la cote à Bruxelles. Chez Cent + Vingt + Huit, on trouve un peu de tout : vêtements pour homme et femme, accessoires issus du commerce équitable tels que des bonnets venant du Népal ou en matériaux recyclés ainsi que savons pressés à froid. Une bonne adresse pour trouver la pièce rare qui fera du bien à la planète.

121

CARTES 4-5

Senteurs d'ailleurs

Place Stéphanie 1A, 1000 Bruxelles

www.senteursdailleurs.com

—

Ne vous laissez pas intimider par l'entrée et le personnel un peu austère de cette boutique de parfums d'exception. Ici, place aux exclusivités et aux senteurs rares que vous n'aurez jamais reniflées avant. Pour ne pas griller votre odorat dans de trop nombreux essais, laissez-vous guider. Une fois la glace brisée, les vendeurs ont de précieux conseils pour trouver la fragrance de votre vie.

122

CARTE 9

Retrofaktory

Chaussée d'Alsemberg 618, 1180 Uccle

www.retrofaktory.be

—

Avis aux fans de *Mad Men* : chez Retrofaktory, vous pourriez trouver des pièces qui ressemblent à l'intérieur de Betty Draper et au bureau de Don. Cette boutique de meubles et objets vintage couvre les années '50, '60 et '70. Dans son grand espace, la propriétaire a réalisé de véritables mises en scène : ici une salle à manger, là un petit coin salon… résultat : on a envie de tout acheter ! Qui peut résister aux lignes des buffets sixties ?

123

CARTE 5

L'Heure Bleue

Avenue des Arts 12, 1210 Saint-Josse-ten-Noode

www.lheurebleue.net

—

Cette boutique hybride est née de la passion respective de Muriel et Olivier : les bijoux pour elle, le thé pour lui. Un véritable projet de vie qui a comme ligne conductrice l'exigence et la confiance accordée aux fournisseurs. À côté des bijoux de Muriel on trouve ceux d'autres créateurs coups de cœur. Dans le monde d'Olivier, place à de très grands thés et infusions : thés d'origines, certains rares, dont des thés puehr, et mélanges maison. Ça ne rigole pas !

124
CARTE 9

Petit Filigranes
Parvis Saint-Pierre 10, 1180 Uccle
www.filigranes.be

—

La réputation de Filigranes n'est plus à faire. Après l'incroyable librairie avenue des Arts, on trouve désormais le Petit Filigranes à Uccle. Tout y est : diversité des choix et coin café… mais à plus petite échelle et avec le charme du parvis de Saint-Pierre. De plus, c'est ouvert tous les jours, dimanche compris.

125

CARTE 3

Belge une fois
Rue Haute 89, 1000 Bruxelles
belgeunefois.com

—

Tenu par deux jeunes Bruxellois créatifs, Belge une fois est un concept store qui ne vend que des marques belges, dont leur propre marque : vêtements pour adultes et enfants, décoration, accessoires, et même un coin vintage avec des meubles chinés. La sélection est originale et très pointue ! On adore notamment leurs vêtements et accessoires célébrant nos expressions belges les plus fleuries : « Chaud comme une baraque à frites », « Baraki d'kermesse », « Hipstereke », pour n'en citer que quelques-unes !

126

CARTE 10

Gommers

Chaussée de Waterloo 994, 1180 Uccle

www.bougiesgommers.be

—

Depuis 1863, Gommers crée des bougies et des cierges pour les particuliers mais aussi pour la Cour de Belgique et différents lieux de culte. Dans une boutique aux airs mystérieux, les couleurs des bougies explosent. Toutes sont faites avec des matériaux de la meilleure qualité.
Ce savoir-faire a évolué avec le temps car en plus des bougies classiques on en trouve des parfumées aux huiles essentielles et extraits de plantes et des bougies fantaisie, voire très fantaisie comme les bougies en trompe-l'œil.

127
Yalda Concept Store

CARTE 2

Rue de Rollebeek 46, 1000 Bruxelles

www.yaldaconceptstore.com

—

Yalda est un concept store persan créé par l'artiste iranienne Roshanak Ostad, qui a son atelier dans le magasin même. À côté de ses créations, elle a sélectionné une belle collection très moderne de bijoux, décorations et accessoires tous uniques ou produits en petites séries, tout droit venus d'Iran, d'Asie centrale et d'Afghanistan. On y trouve aussi du thé et safran iraniens de très bonne qualité. Un vrai voyage en Orient !

Aimer se faire plaisir

Nous avons sélectionné ici ce que Bruxelles fait de meilleur en matière de gastronomie, d'hôtels, de boutiques ou encore de bien-être. Il est bien connu que le/la Bruxellois/e est épicurien/ne !

128

CARTES 2-5

Bozar Restaurant

Rue Baron Horta 3, 1000 Bruxelles

bozarrestaurant.be

—

Bozar Restaurant est notre restaurant étoilé préféré à Bruxelles. Passion, produits, persévérance : voilà qui résume bien la cuisine du chef Karen Torosyan, l'incarnation même du renouveau du classicisme français en cuisine. Une des plus grandes fiertés de l'ancien champion du monde de pâté-croûte : son pithiviers, un pâté en croûte au canard au sang de Challans et au foie gras d'oie qu'il faut commander plusieurs jours à l'avance. Vous ne mangerez plus jamais du pâté comme avant.

129

CARTE 9

Restaurant Brugmann

Avenue Brugmann 52/54, 1190 Forest

brugmann.com

—

Le Brugmann a ouvert en grande pompe en 2015. Découvert lors d'un lunch ensoleillé sur la belle terrasse, nous avions gardé un très bon souvenir de la cuisine du jeune chef Matthias Van Eenoo, qui depuis lors a bien évolué. Les grandes adresses se confirment avec le temps, et ce qui fait le charme tout particulier du Brugmann c'est son service efficace, prévenant sans en faire trop, doublé d'une cuisine française raffinée avec des twists modernes et exotiques, servie dans un cadre haut de gamme, au-delà des tendances.

Restaurant Brugmann

130

CARTE 10

Kamo

Chaussée de Waterloo 550A, 1050 Ixelles

www.restaurant-kamo.be

—

Seul restaurant japonais étoilé en Belgique, le Kamo - dénommé d'après son chef Kamo Tomoyasu - est un vrai petit paradis pour les amateurs de cuisine nippone. Outre ses menus dégustation avec d'excellents sashimis, sushis et compagnie, Kamo est également connu pour son *bento* de luxe en lunch, au prix défiant toute concurrence. Demandez une place au comptoir pour observer l'équipe au travail.

131

CARTE 10

La Villa in the Sky

IT Tower - 25th floor, avenue Louise 480,
1000 Bruxelles

www.lavillainthesky.be

—

Déguster des plats doublement étoilés à plus de 120 mètres de haut avec une incroyable vue panoramique sur Bruxelles : c'est l'expérience grandiose proposée par La Villa in the Sky. Derrière les fourneaux de ce restaurant unique à Bruxelles, on retrouve l'ex-Top Chef Alexandre Dionisio, qui a laissé son ancien restaurant Alexandre pour s'envoler sur le toit de l'IT Tower, près du bois de la Cambre. C'est très certainement un des plus beaux endroits de la capitale pour un repas en amoureux.

132

CARTE 2

Sea Grill

Rue du Fossé aux Loups 47, 1000 Bruxelles

www.seagrill.be

—

Le Sea Grill a l'art de sublimer les plats de poissons. L'équipe d'Yves Mattagne a su trouver le juste milieu entre tradition et innovation et offre des plats raffinés, luxueux, mais pas redondants. Truffe, langoustine, sole, homard bleu de Bretagne à la presse… nous sommes ici dans le très haut de gamme. Le Sea Grill possède l'une des cinq presses à homard au monde faites sur mesure par Christofle : extase culinaire assurée avec cette bisque de homard tout simplement incroyable.

Sea Grill

133

Le Chalet de la Forêt

CARTES 10-11

Drève de Lorraine 43, 1180 Uccle

www.lechaletdelaforet.be

—

Situé dans un cadre agréable en bordure de la forêt de Soignes, Le Chalet de la Forêt est le restaurant doublement étoilé de Pascal Devalkeneer, un des grands représentants de la gastronomie belge. La cuisine du chef s'articule autour de son potager écologique et naturel situé juste à côté du restaurant. Une cuisine juste, qui va à l'essentiel.

134

The Hotel

Boulevard de Waterloo 38, 1000 Bruxelles

www.thehotel-brussels.be

—

CARTES 4-5

On ne peut pas le manquer à Bruxelles, puisque ses 27 étages dominent le haut du centre-ville. The Hotel est un hôtel de luxe moderne et tendance, en lien direct avec les magasins de luxe qui l'entourent sur le boulevard de Waterloo. La meilleure vue : depuis le sauna ou la salle de sport ! The Restaurant est également l'un des meilleurs restaurants d'hôtel de la ville.

135

CARTE 4

Alchimie Spa

Rue du Trône 222, 1050 Ixelles

alchimie-spa.com

—

Ouvert récemment au cœur d'Ixelles, Alchimie se décrit comme un « spa urbain » avec une partie *hair art*. On a adoré le décor coloré sans trop l'être et le petit jardin privé à l'arrière. Le plus de l'endroit est sa large gamme de soins et traitements, des traditionnels massages, soins du visage, épilations aux rituels spa très complets en passant par le sauna infrarouge, l'hydromassage et le maquillage. Tout pour prendre soin de soi et se faire plaisir !

136

CARTE 4

Spasiba

Boulevard de Waterloo 47, 1000 Bruxelles

www.spasiba.be

—

Spasiba est un vrai havre de paix en plein cœur de Bruxelles. Ce petit spa propose les massages les plus divins de Bruxelles, depuis les classiques aux huiles jusqu'aux plus habillés comme le massage Thaï yoga ou le shiatsu japonais. L'atmosphère tamisée est très relaxante, et un sauna et hammam permettent de prolonger la détente.

137

CARTE 1

Monsieur K

Rue Antoine Dansaert 115, 1000 Bruxelles

www.monsieur-k.be

—

Il est bon d'être mâle dans cet institut de soins 100% masculin, le seul dans son genre à Bruxelles avec des années d'expertise quand il s'agit de chouchouter les hommes avec toutes leurs spécificités : soins du visage, épilation et massage vous sont proposés par la petite équipe d'esthéticiens et un masseur, répartis en trois salles à la déco sobre et claire.

Le Brunch de l'Amigo

138

Le brunch de l'Amigo

CARTE 2

Rue de l'Amigo 1-3, 1000 Bruxelles

www.roccofortehotels.com

—

Tous les dimanches dans son restaurant Bocconi, l'hôtel Amigo propose un brunch de luxe italien, qui est tout simplement le meilleur brunch de Bruxelles par la qualité des produits utilisés, le buffet très varié doublé d'un service à table, et surtout le personnel aux petits soins. Certes, c'est un budget (actuellement 65 euros par personne), mais pour une telle expérience haut de gamme, c'est tout à fait correct.

139

The Dominican

CARTE 2

Rue Léopold 9, 1000 Bruxelles

www.designhotels.com

—

Que ce soit pour y dormir ou juste pour y boire un cocktail dans le bar chic et feutré, The Dominican est un hôtel design très confortable, construit à l'emplacement d'une ancienne abbaye dominicaine du XVe siècle et à laquelle l'hôtel doit son nom. L'été, son ancien cloître est une oasis de calme en plein centre de Bruxelles.

140

CARTES 4-10

Odette en Ville

Rue du Châtelain 25, 1050 Ixelles

www.odetteenville.be

—

Restaurant branché et boutique-hôtel chic, Odette en Ville se situe dans le quartier tendance du Châtelain. L'hôtel-restaurant occupe une ancienne maison de maître des années '20 et se la joue entre le club anglais chic et l'hôtel glamour à la new-yorkaise. Le restaurant raffiné et feutré (nappes blanches, bougies, jolie vaisselle) est parfait pour un rendez-vous romantique.

141

CARTE I

Pillows Grand Hotel Place Rouppe

Place Rouppe 17, 1000 Bruxelles

www.pillowshotels.com

—

Le Pillows est un hôtel de luxe, mais où l'on se sent comme chez soi : pas de grande pancarte indiquant l'hôtel, ni de réception. L'hôtel bruxellois est le deuxième seulement de cette nouvelle chaîne de boutiques-hôtels et c'est le service qui fait toute la différence : on a rarement vu un accueil aussi agréable et professionnel. On a aussi beaucoup aimé le restaurant, où sont proposés une cuisine très raffinée le soir, et un petit-déjeuner servi à table le matin. On n'a plus envie d'en repartir !

142

CARTES 2-3

Ciel Mes Bijoux ! Excelsior

Rue Ernest Allard 10, 1000 Bruxelles

—

Situé près du Sablon, Ciel Mes Bijoux ! Excelsior est un concept store haut de gamme, proposant des bijoux, vêtements et accessoires d'une belle sélection de marques belges, mais pas seulement : Declercq & Declercq, Isabelle Baines, Briston, Épice, Olivia Hainaut, Roxane Baines, Comme des Garçons… Monsieur et Madame y trouveront tous deux leur bonheur.

143

Les Enfants d'Édouard

CARTES 4-10

Avenue Louise 175, 1050 Bruxelles

www.lesenfantsdedouard.com

—

Situé dans un magnifique hôtel de maître sur l'avenue Louise, ce magasin de seconde main tendance est l'endroit idéal pour dénicher des pièces de créateurs à petit prix. Vuitton, Delvaux, Dries Van Noten, Dior, Repetto, Chanel… Au total, plus de 2000 vêtements, bijoux, sacs et chaussures vous attendent : le choix est impressionnant !

Aimer se cultiver

Bruxelles a longtemps volé sous le radar d'un point de vue culturel. Pourtant, elle n'a pas à rougir face à d'autres grandes capitales : des tas de musées, plus de théâtres par habitant qu'à Paris, des festivals en quantité tels que le BIFFF-Festival du film fantastique, la Brussels Art Fair, Europalia, le Kunstenfestivaldesarts ou encore Pink Screens, festival de films queer. Plutôt que de vous parler de festivals, nous avons choisi de mettre en lumière certains endroits, grands ou petits, qui méritent qu'on s'y attarde.

144

Art nouveau - Art déco et le Brussels Art nouveau Art déco

banad.brussels

—

Deux styles qui ont marqué le paysage architectural de Bruxelles : les volutes et courbes de l'Art nouveau et les formes pures et géométriques de l'Art déco, avec Victor Horta comme trait d'union. Si on trouve l'Art nouveau essentiellement à Ixelles, Saint-Gilles, Forest et au centre de Bruxelles, l'Art déco est plus répandu mais la figure de proue est la place Flagey et son célèbre paquebot de l'INR. Pour célébrer ces deux styles, il y a le Festival BANAD, 15 jours de visites, de promenades et de conférences sur les plus beaux des patrimoines bruxellois.

145

WIELS

CARTE 3

Avenue Van Volxem 354, 1190 Forest

www.wiels.org

—

La Brasserie Wiels a été rénovée pour être transformée en centre d'art contemporain aux expositions affûtées. Les nombreux étudiants en art et jeunes artistes qui les fréquentent témoignent de la qualité des expositions. Avec ses immenses espaces, Wiels peut accommoder de très larges installations. Le gigantisme, on le voit dès l'entrée où les cuves en cuivre de la brasserie ont été conservées. On y a installé un petit café tenu par Kamilou pour rassasier l'estomac après l'esprit.

146

CARTE I

La Fonderie

Rue Ransfort 27, 1080 Molenbeek

www.lafonderie.be

—

L'ancienne usine de la Compagnie des bronzes bruxellois, située près du canal à Molenbeek, est devenue le musée de l'Industrie et du Travail. À côté de ses activités muséales, la Fonderie organise des expos et des visites guidées de Molenbeek et de Bruxelles. Le lieu est vraiment étrange, entre la friche et le patrimoine industriel rénové, c'est photogénique à souhait !

147

CARTE I

Le Millennium Iconoclast Museum of Art (MIMA)

Quai du Hainaut 41, 1080 Molenbeek-Saint-Jean

www.mimamuseum.eu

—

Il restait encore des bâtiments à réaffecter sur le site de la Brasserie Bellevue : Michel et Florence de Launoit avec les galeristes Alice van den Abeele et Raphaël Cruyt en ont fait un musée dédié aux arts actuels : street art, punk, art 2.0, vidéo… tout ce qui sort des clous de l'art contemporain et de l'établi se retrouve sur quatre étages de beaux volumes. Bien que la collection permanente soit un peu écrasée par les expos temporaires, le MIMA s'est très vite fait une place de choix parmi les musées à ne pas louper. Le plus : les enfants adorent et les pizzas du café MIMA sont à tomber.

148

CARTE 3

Art et Marges

Rue Haute 314, 1000 Bruxelles

www.artetmarges.be

—

Un drôle de petit musée dédié à l'art brut, marginal, outsider, hors des circuits. Soit parce que les artistes exposés ne sortent pas de filières classiques, soit parce qu'ils souffrent d'un handicap mental ou d'une maladie psychiatrique. Ce qui importe pour y être exposé, c'est le besoin vital pour l'artiste de créer, mais aussi une vraie œuvre. Résultat : un musée bien ancré dans son quartier des Marolles où les frontières de l'art sont repoussées et où on retrouve les petites manies et obsessions des artistes. De l'art très personnel.

149

CARTE I

La Bellone

Rue de Flandre 46, 1000 Bruxelles

www.bellone.be

—

Un lieu étonnant puisqu'il s'agit d'une maison du XVIIIe siècle pour laquelle on a construit un toit de verre ! Cet espace culturel est dédié aux arts de la scène sous toutes ses formes : danse, performances audiovisuelles, théâtre… À la fois centre de documentation, résidence d'artistes et lieu de performance et de rencontres, la Bellone a un calendrier d'évènements éclectique et bien fourni !

150

CARTE 4

La Verrière Hermès

Boulevard de Waterloo 50, 1000 Bruxelles

www.fondationdentreprisehermes.org

—

Le concept de la Verrière : une galerie d'art cachée dans un magasin de luxe. Traversez la boutique jusqu'au fond pour y trouver une verrière du XIXe siècle où sont exposées des œuvres d'art contemporain commandées par la Fondation d'entreprise Hermès. Il n'y a que quelques expositions par an, arrangées en cycles, mais qui sont extrêmement pointues. Avis aux amateurs/trices d'art !

151

CARTES 4-5

TTO - Théâtre de la Toison d'Or

Galerie de la Toison d'Or 396-398, 1050 Ixelles

www.ttotheatre.com

—

Perdu dans une galerie commerçante, le Théâtre de la Toison d'Or propose une des plus belles programmations de Bruxelles pour les amateurs d'humour et de spectacles décalés. Bar, restaurant, et sièges ultraconfortables pour profiter à fond du spectacle !

152

Où Trouver du Street Art

—

Le street art est en pleine explosion à Bruxelles et évidemment, on le trouve partout en ville mais avec des concentrations particulières : par exemple, un triangle dont la pointe serait la Bourse et la base, le canal avec des œuvres de Bonom, FAILE, Space Invader, etc. Les Marolles depuis le Skate Park de la Chapelle avec Kool Koor ou encore l'énorme fresque multi-artistes à la station De Wand, près du palais de Laeken. Ou alors, partir à la chasse des fameux Crayons ? Pour visiter Bruxelles au fil du street art, rendez-vous en ligne https://visit.brussels/fr/article/Street-Art-a-Bruxelles

Music
d'occasion
records @arlequin.net
2nd hand
records
Achat et vente
we buy & sell
BD CD's
АРЛЕКИН
02/5145428
secondhand
record shop
ROCK.SOUL.
REGGAE + new
JAZZ.HIP-HOP
CH.FRANCAISE
and more

Street Art

153

CARTES 2-5

Arkadia

Rue de Namur 10, 1000 Bruxelles

www.arkadia.be

—

Arkadia est le spécialiste des visites culturelles pointues à Bruxelles, avec un programme allant de la visite de petits musées et galeries d'art aux balades thématiques dans différents quartiers de la ville et des exclusivités comme la visite de bâtiments normalement fermés au public (ateliers d'artistes, bâtiments Art nouveau ou Art déco privés, etc.). De petits groupes et des guides qui connaissent leurs sujets : c'est une des meilleures manières d'en apprendre plus sur l'histoire, l'architecture et l'art à Bruxelles.

154

CARTE 10

Le Théâtre de Poche

Chemin du Gymnase 1a, 1000 Bruxelles

www.poche.be

—

La première fois que nous sommes allées au Théâtre de Poche, on a failli ne pas le trouver ! Ce petit théâtre se situe au cœur du bois de la Cambre, dans un cadre unique. Le Théâtre de Poche est connu pour son programme engagé, souvent loin du divertissement facile en abordant toujours des thématiques actuelles et très intéressantes.

155

CARTE 2

CENTRALE for Contemporary Arts

Place Sainte-Catherine 44, 1000 Bruxelles

www.centrale.brussels

—

Au beau milieu du quartier Sainte-Catherine se tient la Centrale électrique. Celle qui alimentait en courant la ville de Bruxelles nourrit maintenant la culture des Bruxellois puisqu'elle est devenue le centre d'art contemporain de la ville, en exposant des artistes bruxellois dans toutes leurs diversités, mais toujours dans une optique de dialogue avec le monde. De ce fait, la CENTRALE est un excellent endroit pour découvrir des artistes en devenir et des points de vue plutôt engagés.

Aimer
découvrir les traditions

Bruxelles ne serait pas Bruxelles sans sa zwanze (humour belge), ses gueuzes et son stoemp (purée de pommes de terre et légumes) ! Nous avons repris ici des établissements qui portent haut les couleurs de la ville depuis longtemps mais aussi des petits nouveaux qui ont leurs racines dans des traditions bien bruxelloises mais en font leur propre interprétation.

156

CARTE I

In 't Spinnekopke

Place du Jardin aux Fleurs 1, 1000 Bruxelles

www.spinnekopke.be

—

Cet établissement sur la jolie place du Jardin aux Fleurs annonce la couleur dès qu'on le regarde : une vieille demeure où trône une araignée géante, Spinnekop en bruxellois, comme enseigne. À l'origine c'était un relais de diligence, on ne sera pas étonné d'y trouver une cuisine traditionnelle bruxelloise. Des plats lourds, pas forcément raffinés mais qui font plaisir au cœur et à l'estomac. La star, c'est le filet américain qui est préparé devant vous, comme il se doit. La petite surprise qui nous a plu : le trio de sorbet à la bière. Kriek, blanche et brune révèlent une autre facette de leur personnalité !

157

CARTE I

Noordzee/Mer du Nord

Rue Sainte-Catherine 45, 1000 Bruxelles

vishandelnoordzee.be

—

À la fois poissonnerie et snack, on y mange debout, au comptoir ou aux tables disposées sur le trottoir et sur un petit coin de la place. Commandez les croquettes de crevettes avec un petit verre de vin blanc, choisissez une table et attendez que le personnel vous appelle pour aller chercher votre plat. C'est ce mélange joyeux de fraîcheur du produit et du cadre animé de la place Sainte-Catherine qui sont les clés du succès de Noordzee.

158

CARTE 2

À la Mort Subite

Rue Montagne aux Herbes Potagères 7, 1000 Bruxelles

www.alamortsubite.com

—

Passer la porte de la Mort Subite, c'est remonter le temps jusqu'au début du XXe siècle. Depuis quatre générations, les Vossen conservent ce débit de boissons dédié au culte de la gueuze, la plus bruxelloise des bières. Vieilles tables et chaises en bois, banquettes en maroquin, hauts plafonds et service à la table sont au menu à côté des Kriek, des Pêcheresse et des Faro. Si vous avez faim, ne manquez pas leurs célèbres tartines. À faire pour retrouver le temps où Bruxelles brusselait.

À la Mort Subite

159

CARTE 2

t'Kelderke

Grand-Place 15, 1000 Bruxelles

www.restaurant-het-kelderke.be

—

Manger sur la Grand-Place ou impressionner des invités qui visitent Bruxelles, sans se ruiner, c'est possible dans cette brasserie qui offre des spécialités belges à un prix raisonnable : moules, carbonnades, stoemp et même steak de cheval ! S'il fait beau, la terrasse et les ors de la Grand-Place vous tendent les bras, sinon la cave voûtée est plutôt cosy. La cuisine y est honnête et sans fioritures.

160

CARTE 2

La Cafétéria de la Bibliothèque royale de Belgique (Albertine)

Mont des Arts, 1000 Bruxelles

www.kbr.be

—

Lorsque l'on se trouve devant l'imposant bâtiment de l'Albertine, difficile d'imaginer qu'au 5e étage se trouve une cafétéria qui respire les années '60 et qui cache une des meilleures vues sur Bruxelles. On y mange des sandwiches, des salades ou un dessert avec style et aux beaux jours on profite du potager sur le toit de l'autre côté de la cafétéria. Entrée libre pour tous ! Un vrai petit secret de Bruxellois/e.

t'Kelderke

161

CARTE 3

Brasserie de l'Union

Parvis de Saint-Gilles 55, 1060 Saint-Gilles

—

L'Union mentionnée dans le nom de l'établissement, c'est l'Union Saint-Gilloise, club de foot mythique, et ce caractère populaire, la brasserie l'a gardé malgré la gentrification du parvis de Saint-Gilles. Familles, *echte brusseleirs*, artistes du quartier et étudiants, tout le monde est le bienvenu à l'Union ! En plus d'une carte des bières bien fournie, on peut y manger pour pas trop cher ses fameux spaghettis ou lasagnes. Bref, l'Union est un endroit qui porte bien son nom !

162

CARTE 2

Café Métropole

Place de Brouckère 31, 1000 Bruxelles

www.metropolehotel.com

—

Ouvert depuis 1895, l'Hôtel Métropole, mythique palace cinq étoiles de la place de Brouckère, est le seul hôtel du XIXe siècle encore en activité à Bruxelles. Si sa façade et sa terrasse chauffée à la parisienne ne sont pas particulièrement charmantes, le cadre de l'hôtel et de son restaurant, le Café Métropole, est tout simplement grandiose. Nous sommes restées bouche bée devant ses hauts plafonds, ses énormes lustres et ses sculptures : c'est un véritable petit bijou de style Art nouveau. La carte du restaurant est typique des brasseries belges, un peu améliorée, avec un rapport qualité-prix assez étonnant pour le quartier.

163

CARTE 1

Viva M'Boma

Rue de Flandre 17, 1000 Bruxelles

www.vivamboma.be

—

Viva M'Boma (« vive grand-mère » en bruxellois), est un grand classique de la rue de Flandre, connu et reconnu depuis des années pour sa cuisine de brasserie belge et surtout pour ses préparations originales à base d'abats et d'autres pièces de viande que l'on voit de moins en moins au restaurant, dont le fameux steak de cheval. Le menu varie en fonction des saisons et tout est frais et fait maison. Si les langues d'agneau, cervelle de veau, pis de vache et autres abats originaux présents à la carte ne vous tentent pas, goûtez au moins aux deux grandes spécialités de la maison : le ris de veau moutarde et le filet pur de cheval, accompagnés de frites maison. Simple mais délicieux.

164

CARTE 3

Brasserie de l'Ermitage

Rue Lambert Crickx 26, 1070 Anderlecht

—

Les locaux de la dernière-née des brasseries bruxelloises sont juste à côté de la Brasserie Cantillon. Comme c'est une nano-brasserie, la production est très limitée. Une bonne raison pour se rendre à leur *tasting room* qui n'est ouverte que les vendredis et samedis : un bar plutôt chaleureux fait avec du matériel de récupération, ce qui lui donne son caractère très affirmé de brasserie urbaine. Commandez une planchette de dégustation de 4 bières pour 6 euros et laissez le nez et les papilles savourer.

Brasserie de l'Ermitage

165

CARTE 9

Au Vieux Spijtigen Duivel

Chaussée d'Alsemberg 621, 1180 Uccle

www.spijtigenduivel.com

—

Le plus vieil estaminet bruxellois se trouve à Uccle. On dit que Charles-Quint s'arrêtait déjà à ce qui était un relais de poste. Ce n'est pas certain, mais la présence du « diable fâché » est attestée depuis le XVIIIe siècle. L'intérieur, lui, a à peine bougé depuis le XIXe. Sans doute Hugo et Baudelaire, qui furent clients, ne le trouveraient pas changé. Bois sombre, poêle, bel assortiment de bières, une large carte de restauration et une ambiance chaleureuse doivent expliquer pourquoi l'établissement est toujours aussi vert malgré les années.

166
Poechenellekelder

Rue du Chêne 5, 1000 Bruxelles

www.poechenellekelder.be

—

CARTE 2

On pourrait croire que cet estaminet situé juste à côté du Manneken Pis est un piège à touristes. Pourtant, à côté des visiteurs, on y trouve les habitués et les étudiants d'une école de communication toute proche joyeusement réunis sous les bois sombres de cet authentique caberdouche. La « cave au polichinelle » est remplie de marionnettes… et de souvenirs du Manneken, bien sûr ! L'équipe a une *zwanze* (humour) toute bruxelloise et vous aidera à naviguer dans la carte des bières.

167

Manneke

CARTE 2

Rue de la Madeleine, 31, 1000 Bruxelles

—

Au Manneke, né d'une opération de *crowdfunding*, pas de cadeaux ringards, ni de boutique de souvenirs qui ressemble à toutes les autres ! Chez eux, c'est tout le sens de l'autodérision et l'humour belge qu'on peut emporter chez soi ou offrir à des amis : des pulls « Dikkenek », des cartes postales drôles, des bijoux... tous *made in Brussels*, ou *made in Brabant*. Une boutique à suivre qui redonne un coup de peps à ce quartier hypertouristique.

168

CARTE 3-9

Ballekes

Chaussée de Charleroi 174, 1060 Saint-Gilles

www.ballekes.be

—

Quoi de plus réconfortant et régressif qu'une bonne boulette en sauce ? Chez Ballekes, on revisite une icône de la gastronomie belge dans une formule « faites votre propre boulette » : choisissez la viande ou une version végétarienne, la sauce, l'accompagnement, et une boisson : c'est rapide, savoureux et comme tout est dans la sauce, on vous recommande fortement la « Trappiste » à la Chimay bleue et au chicon caramélisé. Amère et douce à la fois, un régal.

169

CARTE 8

La Buvette Sint-Sebastiaan

Parc Josaphat, 1030 Schaerbeek

www.buvettesintsebastiaan.com

—

Nichée en plein dans le parc Josaphat, la buvette de la guilde des archers est un véritable régal à tout point de vue ! Pour son ambiance d'abord, joyeuse et familiale, pour son cadre un peu kitsch mais charmant, pour la gentillesse de son personnel et pour ses délicieuses frites - ça faisait longtemps qu'on n'en avait plus mangé d'aussi bonnes ! Chaque fin de semaine, la buvette met un plat en vedette : paella le jeudi, poisson le vendredi et frites le dimanche. La belle saison arrivée, des apéros et des évènements sont aussi organisés.

170

CARTE 1

Les brassins publics à la Brasserie Cantillon

Rue Gheude 56, 1070 Anderlecht

www.cantillon.be

—

La Brasserie Cantillon est un lieu unique puisqu'il s'agit de la dernière brasserie bruxelloise à brasser du lambic en fermentation spontanée - ce qu'elle fait déjà depuis plus de 100 ans. Le mieux c'est que deux fois par an on peut assister à ce processus particulier de fabrication de bière lors d'un brassin public. Les plus motivés viendront dès 6h30 assister aux différentes étapes de brassages à l'ancienne. Le tout se terminant, bien sûr, par une dégustation ! Le reste de l'année, la brasserie accueille aussi le musée bruxellois de la Gueuze.

171

CARTE 2

Pistolet Original

Rue Joseph Stevens 24, 1000 Bruxelles &
rue des Bouchers 44, 1000 Bruxelles

pistolet-original.be

—

Pistolet Original revisite les pistolets, ces petits pains bien de chez nous. Ils sont fourrés avec des produits et des recettes typiquement belges telles qu'américain préparé, crevettes grises, salade de chicons, boulettes, boudin de Liège…
De plus, de grands chefs belges y proposent régulièrement leurs recettes originales de pistolet (d'où le nom) pour une durée limitée. Pour un lunch sur le pouce et 100% belge, c'est la bonne adresse !

172

CARTE 1

Be My Stoemp

Place Saint-Géry 1, 1000 Bruxelles

—

C'est dans ce petit snack situé dans les Halles Saint-Géry, que l'on trouve le « stoempdog », création originale de Be My Stoemp, une version bien belge des hot-dogs. Il s'agit de hot-dogs au stoemp, version moderne d'un plat bruxellois on ne peut plus typique, le stoemp saucisse. Un concept original et très réussi !

173

CARTE 9

Tontons

Rue du Doyenné 69, 1180 Uccle

tontons.be

—

Les Italiens et les puristes crieront peut-être au scandale, mais un bon bolo à la belge, avec du fromage bien filant, c'est quand même vachement bon ! Les spaghettis bolognaise, accompagnés au choix de parmesan, comté ou emmental et autres recettes de pâtes à la belge comme les coquillettes gratinées à la béchamel et au jambon sont la spécialité de ce petit bistrot de quartier qui vous ramène tout droit en enfance.

174

CARTE 7

En Stoemelings

Rue Dieudonné Lefèvre 37, 1020 Bruxelles
www.enstoemelings.be

—

Située au cœur du quartier populaire des Marolles, En Stoemelings est une micro-brasserie bruxelloise récente que nous apprécions tout particulièrement. Deux amis que rien ne destinait à devenir brasseurs - mais totalement passionnés - se sont lancé un pari fou, et ont sans doute été les premiers surpris par ce succès quasiment immédiat de leur petite brasserie, qui depuis quelques années ne fait que grandir. La Curieuse Neus et la Hoppy Madame font partie de leurs plus belles réussites.

175

CARTE 3

La Brocante

Rue Blaes 170, 1000 Bruxelles

—

Des cafés où se sustenter après une séance intense de chine au marché aux puces de la place du Jeu de Balle, il y en a beaucoup mais bien peu ont gardé le cachet et l'authenticité de La Brocante ! Carrelage, mobilier en bois, vieilles plaques en émail… On s'y sent bien et outre les boissons, on y trouve toute une liste de délicieuses omelettes, énormes sandwiches et autres plats de brasseries. Notre coup de cœur : l'omelette lardons-pomme de terre, à se damner !

176

CARTE 4

Bintje

Rue Simonis 62, 1050 Ixelles

—

Bintje, ce n'est pas un fritkot typique mais plutôt un bar à frites, où les pommes de terre bios sont découpées à la demande et frites dans une huile végétale de qualité, afin que les végétariens puissent aussi savourer cette icône gastronomique belge. En accompagnement, on vous propose les sauces maison, les garnitures telles que poulet, rosbif ou salade et le choix entre bon nombre de bières artisanales.

Aimer
s'amuser avec les enfants

À Bruxelles, on compte un grand nombre d'activités et d'endroits où les enfants sont les bienvenus, même dans les restaurants et cafés qui ont souvent un espace aménagé pour les accueillir. Nous vous proposons ici une sélection de petites adresses que nous aimons, qui couvrent différents centres d'intérêt et conviennent à différentes tranches d'âge.

177

CARTES 3-9

Les ateliers chocolat Zaabar

Chaussée de Charleroi 125, 1060 Saint-Gilles

www.zaabar.com

—

Zaabar est d'abord un chocolatier qui aime jouer avec les épices du monde, mais ce qui le distingue c'est l'organisation d'ateliers ou de fêtes d'anniversaire pour les enfants où les grands sont les bienvenus. C'est magique de voir les yeux des enfants briller lors d'une démonstration de tempérage du chocolat, et la confection de truffes et mendiants finira de leur donner envie de tout manger !

178

CARTE 2

Escape Prod

Rue de l'Étuve 69, 1000 Bruxelles

www.escapeprod.com

—

Les escape games ne sont pas une activité réservée aux adultes : certaines salles sont tout à fait adaptées aux aventures en famille. Chez Escape Prod, chaque salle reprend l'univers d'une bande dessinée comme la salle « L'Évasion des Dalton », accessible à partir de 8 ans. Le principe : vous êtes déguisés en Dalton et vous avez une heure pour vous échapper de prison. À vous de fouiller la salle et de résoudre les petites énigmes pour y arriver !

179 CARTE 2

La Maison de la Littérature de Jeunesse « Le Wolf »

Rue de la Violette 18, 1000 Bruxelles

www.lewolf.be

—

Bienvenue dans un monde où les enfants sont rois !
Le Wolf, c'est avant tout une librairie spécialisée pour les jeunes enfants. On y trouve une quantité hallucinante de livres pour tous les âges et tous les goûts. Certains, dont les livres pop-up, sont de vraies œuvres d'art. Mais c'est plus que ça : on y tient des ateliers, on y raconte des histoires dans la cabane qui trône au milieu du magasin et le dimanche, on vient bruncher en famille. Un bien gentil loup, ce Wolf !

180

CARTES 2-5

Le Musée du Jouet

Rue de l'Association 24, 1000 Bruxelles

www.museedujouet.eu

—

On aurait du mal à croire qu'un tel monde enchanté se trouve derrière la lourde porte de cette maison bourgeoise. Pourtant, sur trois étages se trouvent des jouets anciens de différents âges et de plus, ils sont mis en scène : une dînette pour ours et poupées, un château fort ou une salle de classe où les enfants peuvent jouer aux professeurs. On y trouve aussi un vrai guignol et un espace de jeu. C'est très impressionnant et les enfants ne manqueront pas d'être émerveillés !

181 Papillon Toystore

CARTE 10

Chaussée de Boondael 244, 1050 Ixelles

www.papillonboutique.be

—

Papillon est un petit magasin de jouets un peu vintage où l'on peut trouver de beaux jouets en bois, des déguisements jusqu'à 10 ans et des jeux pour éveiller la créativité des petits, le tout essentiellement issu de petites marques, loin de la grande distribution.

182

CARTES 4-10

C Ramik Art Café

Rue Lesbroussart 112, 1050 Ixelles

www.cramic.be

—

Le C Ramik Art Café est un café avec un concept particulier puisque tout en buvant un verre, on peut y fabriquer son propre objet personnalisé en céramique : tasse, bol, assiette, théière… Petits et grands peuvent laisser aller leur imagination et repartir avec leur œuvre d'art après cuisson, quelques jours plus tard.

183

CARTE 8

Café Poussette

Avenue Louis Bertrand 22, 1030 Schaerbeek

www.haricotmagique.be

—

Le Café Poussette est un café tout spécialement conçu pour les familles avec enfants. Tout est fait ici pour les accueillir au mieux : parking à poussettes, tables espacées, chaises pour enfant, tables à langer… Pendant que les parents discutent entre eux, les enfants peuvent s'amuser dans l'espace ludique avec les tapis de psychomotricité, jouets ou encore la bibliothèque de livres pour enfants. Plus besoin de baby-sitter !

184

CARTE 2

Le Théâtre de la Montagne Magique

Rue du Marais 57, 1000 Bruxelles

lamontagnemagique.be

—

Il n'est jamais trop tôt pour initier les enfants à la magie du théâtre et celui-ci a expressément ouvert pour eux ! Le grand atout de cette maison est de couvrir tous les âges, depuis les bambins de deux ans et demi aux ados. Quelquefois oniriques, quelquefois drôles ou émouvants, les spectacles sont d'une grande diversité à un prix raisonnable, au grand bonheur des familles. Réservez bien à l'avance, les places partent vite.

185

CARTES 9-11

Le Petit Train à Vapeur de Forest

Chaussée de Neerstalle 323B, 1190 Forest

—

Dans le charmant parc du Bempt, ne soyez pas surpris de trouver une gare miniature : c'est de la gare de Forest-Saint-Georges que partent les petits trains à vapeur durant la belle saison. Achetez vos billets au petit guichet, donnez-les aux contrôleurs en uniforme, attendez le coup de sifflet, et c'est parti ! Un endroit unique qui plaît tout autant aux petits qu'aux grands, qui peuvent profiter de la buvette pendant ce temps-là ou monter à califourchon dans le train avec leurs enfants !

186

CARTE I

Le Musée des Égouts

Pavillons d'Octroi - Porte d'Anderlecht, 1000 Bruxelles

www.sewermuseum.brussels

—

Cet insolite musée vous emmène sous la terre à la découverte de l'élément essentiel au bien-être d'une ville et ses habitants : les égouts. Après la remise de cahiers aux enfants, quelques explications sur le voûtement de la Senne et la construction des égouts, en route pour les boyaux. Phobiques des rats, s'abstenir ! On n'en dira pas plus : si vous souhaitez faire une activité unique en famille… vous êtes à la bonne adresse.

187

CARTE II

La Ferme Nos Pilifs

Trassersweg 347, 1120 Neder-over-Heembeek

www.fermenospilifs.be

—

La Ferme Nos Pilifs est à Bruxelles et pourtant on a déjà l'impression d'être à la campagne. Elle emploie des personnes handicapées qui y travaillent dans différentes activités : jardins, produits bios, estaminet, épicerie-boulangerie avec produits *made in Pilifs* et ferme d'animation. La ferme est accessible gratuitement tous les jours et c'est un agréable endroit pour une balade en famille au milieu des animaux de la ferme.

La Ferme Nos Pilifs

Aimer flâner le dimanche

Le dimanche, on aime prendre le temps. Le temps pour se balader, faire des découvertes, passer des moments en famille ou entre amis… et même pour faire du shopping à Bruxelles. Impossible de s'ennuyer !

188
CARTE I

Chicago Café
Rue de Flandre 45, 1000 Bruxelles
www.chicagocafe.be

—

La semaine, Chicago Café est un de ces endroits qu'il fait bon fréquenter du petit-déjeuner au goûter. Le week-end, c'est son brunch qui attire le monde et particulièrement les familles. Est-ce le look vintage et coloré du café qui fait qu'on s'y sent tout de suite bien ? Ou est-ce l'espace spécialement dédié aux enfants avec jouets et livres de coloriage qui en font son succès ? Le week-end, mieux vaut réserver. Si vous passez en fin de journée, vous y trouverez de délicieuses tartes confectionnées dans l'atelier.

189

CARTE 11

Parc régional du Scheutbos

Rue du Scheutbosch, 1080 Molenbeek

www.scheutbos.be

—

Difficile d'imaginer qu'on est à Molenbeek quand on se promène dans le parc du Scheutbos. En plein environnement urbain, on y trouve des arbres fruitiers, les cris des perruches à collier qui y ont élu domicile, une petite zone humide qu'il faut franchir en caillebotis… et des vaches (à la belle saison) qui entretiennent les prés ; ce site classé est un vrai morceau de campagne en ville. Quand vous prendrez le soleil dans une des chaises longues en bois du parc, vous saurez pourquoi c'est un des plus agréables de Bruxelles.

190

CARTES 4-9

Lulu Home Interior & Café

Rue du Page 101, 1050 Ixelles

www.lulu-store.eu

—

Le seul mot qui vient aux lèvres en découvrant Lulu, c'est « Waouh ». Nous sommes dans un magasin de meubles et d'objets de déco aux lignes résolument vintage mais il y a plus que ça. Dans cet ancien garage, on trouve un coin pour les créateurs locaux mais surtout un superbe café décoré avec beaucoup de goût. C'est ouvert le dimanche : profitez-en pour vous récompenser de l'achat d'un nouveau canapé avec un chocolat chaud et une part de *carrot cake* !

191

CARTE 11

Balade naturaliste à la Maison verte et bleue

Rue du Chaudron 1A, 1070 Anderlecht

www.maisonverteetbleue.be

—

Aux confins d'Anderlecht, à Neerpede, un des derniers endroits ruraux de Bruxelles, la ville semble très loin ! Une fois par mois, la Maison, qui a pour vocation la préservation de cet environnement très spécial, organise une visite accompagnée par un/e naturaliste. Au fur et à mesure des saisons, la végétation et les animaux changent et on ouvre les yeux sur plein de petits détails qu'un novice n'aurait pas aperçu. Le but : réenchanter les citadins. Test concluant.

192

CARTE 10

Le Rouge-Cloître

Rue du Rouge-Cloître 4, 1160 Auderghem

www.rouge-cloitre.be

—

Cet ancien prieuré situé en bordure de la forêt de Soignes a de quoi vous y faire passer tout votre dimanche. C'est à la fois une réserve naturelle où on peut se promener, s'extasier sur les arbres et plantes du Jardin botanique Jean Massart mais c'est aussi un centre d'art aux multiples expositions. Pour les enfants, on y trouve une plaine de jeux ainsi que la Maison du conte et son agenda bien rempli. Les gourmands trouveront de quoi se sustenter au Relais Forestier.

193

CARTE 9

Musée et Jardins van Buuren

Avenue Léo Errera 41, 1180 Uccle

www.museumvanbuuren.be

—

Entrez dans l'intimité de David et Alice van Buuren, couple qui fit construire sa maison en pleine période Art déco. C'est une œuvre totale : mobilier, décoration, vitraux… tout est en accord avec le style de la maison. En outre, on peut y admirer la collection d'œuvres d'art accumulée par David et déambuler dans les jardins dont s'occupait Alice. Une plongée dans un autre temps !

194

CARTE 7

Shopping à la Rue de Brabant

Rue de Brabant, 1030 Schaerbeek

www.shoppingbrabant.be

—

Faire du shopping un dimanche rue de Brabant, c'est faire l'expérience du Bruxelles multiculturel. À cheval sur les communes de Saint-Josse et Schaerbeek, la troisième rue commerçante de Bruxelles dont les magasins sont ouverts le dimanche, offre des articles qu'on ne trouve pas ailleurs : articles ménagers, pâtisseries orientales, tapis berbères, sofas marocains, lustres, robes, jouets… La liste est interminable.

195

CARTE 7

Waterbus

Quai des Péniches 2bis, 1000 Bruxelles

www.waterbus.eu

—

On l'oublie souvent, avec sa rivière enterrée et son canal mal aimé, mais Bruxelles est une ville fluviale, avec un port et un yacht-club. Du 1er mai au 31 octobre, la ligne du Waterbus est ouverte. Reliant les quais de la place Sainctelette à Vilvorde, le Waterbus est le prototype d'une ligne de transport en commun qui se veut alternative. C'est aussi une façon de voir Bruxelles sous un autre angle, au fil de l'eau.

Aimer explorer la périphérie

Il nous aurait semblé dommage de ne pas mentionner ces quelques lieux qui sont aux portes de Bruxelles, facilement accessibles et qui méritent qu'on leur rende une petite visite : pour s'y régaler, s'y promener ou s'y délasser.

196

CARTE 11

Le château de La Hulpe et le Domaine régional Solvay

Chaussée de Bruxelles 111, 1310 La Hulpe

www.chateaudelahulpe.be

—

Le parc du château de La Hulpe est l'un des endroits les plus agréables pour se balader dans la périphérie de Bruxelles à la belle saison. Apportez votre pique-nique ou profitez tout simplement du cadre magique en vous aventurant entre sous-bois, jardins, étangs et belles pelouses entourant le château. Les amateurs d'art peuvent également en profiter pour s'arrêter à la Fondation Folon voisine où sont exposées les œuvres de l'artiste belge dans l'ancienne ferme du château.

197

CARTE 11

Le B&B Hippo-Droom et la Forêt de Soignes

Tumulidreef 7, 1560 Hoeilaart

bb-hippo-droom.business.site

—

Située au sud de Bruxelles, la magnifique forêt de Soignes est l'endroit idéal pour passer un week-end nature sans trop s'éloigner de la ville. Près de 5000 hectares et des dizaines de kilomètres de sentiers vous offrent la possibilité de vous balader à pied, à vélo ou à cheval. Pour y passer la nuit, on vous recommande le B&B Hippo-Droom, ancien lieu d'entraînement de chevaux. Chaque chambre est décorée selon un thème différent : les animaux de la forêt, les raisins typiques de la région ou encore la chambre dédiée à la bande dessinée belge Nero créée par Marc Sleen qui vit à Hoeilaart.

198

CARTE 11

Les Thermes de Boetfort

Sellaerstraat 42, 1820 Melsbroek

www.thermae.com

—

Situées près de l'aéroport de Zaventem, les thermes de Boetfort sont celles que l'on préfère dans la périphérie de Bruxelles. Dans le cadre enchanteur d'un magnifique château, on profite d'une partie habillée et d'une partie naturiste toutes deux très bien décorées et aménagées. Piscines, saunas, hammams et espaces de détente s'offrent à vous ainsi qu'un large choix de cures d'un ou plusieurs jours, de massages et de soins esthétiques. On y trouve également un restaurant, un bar pour déguster un petit cocktail près de la piscine quand il fait beau et un hôtel pour les curistes.

199

CARTE 11

Restaurant Maxime Colin

Pastoorkesweg 1-4, 1950 Kraainem

www.maximecolin.be

—

Le chef Maxime Colin s'est installé dans le cadre splendide d'un ancien prieuré, face à la « lagune » (aux dires des serveurs) du parc de Kraainem, proche de Bruxelles et pourtant si dépaysant. Un endroit magique, surtout lorsqu'on vous installe à la fenêtre donnant sur la lagune juste avant le coucher du soleil ou en terrasse durant l'été. Il n'y a pas que le cadre qui vaut le déplacement : le jeune chef, qui a déjà beaucoup fait parler de lui depuis son passage à La Villa Lorraine, propose une cuisine entre néo-bistronomie et haute gastronomie, à base de produits locaux et de saison. On se laisse surprendre par ses compositions originales et gourmandes : un vrai régal !

200

CARTE 11

Waterloo et le marché thaï du temple Wat Thai Dhammaram

Chaussée de Louvain 71, 1410 Waterloo

—

Waterloo, ce sont les sites de la fameuse bataille, les restaurants et magasins tendance, mais c'est aussi tous les premiers dimanches du mois un surprenant petit marché thaï autour du temple de Wat Thai Dhammaram. On y trouve tous les produits nécessaires pour cuisiner thaï chez soi ainsi que plusieurs petites échoppes où l'on peut déguster de délicieux plats typiquement thaï à petits prix.

LES CARTES DE BRUXELLES

CARTE I **BRUXELLES CENTRE**

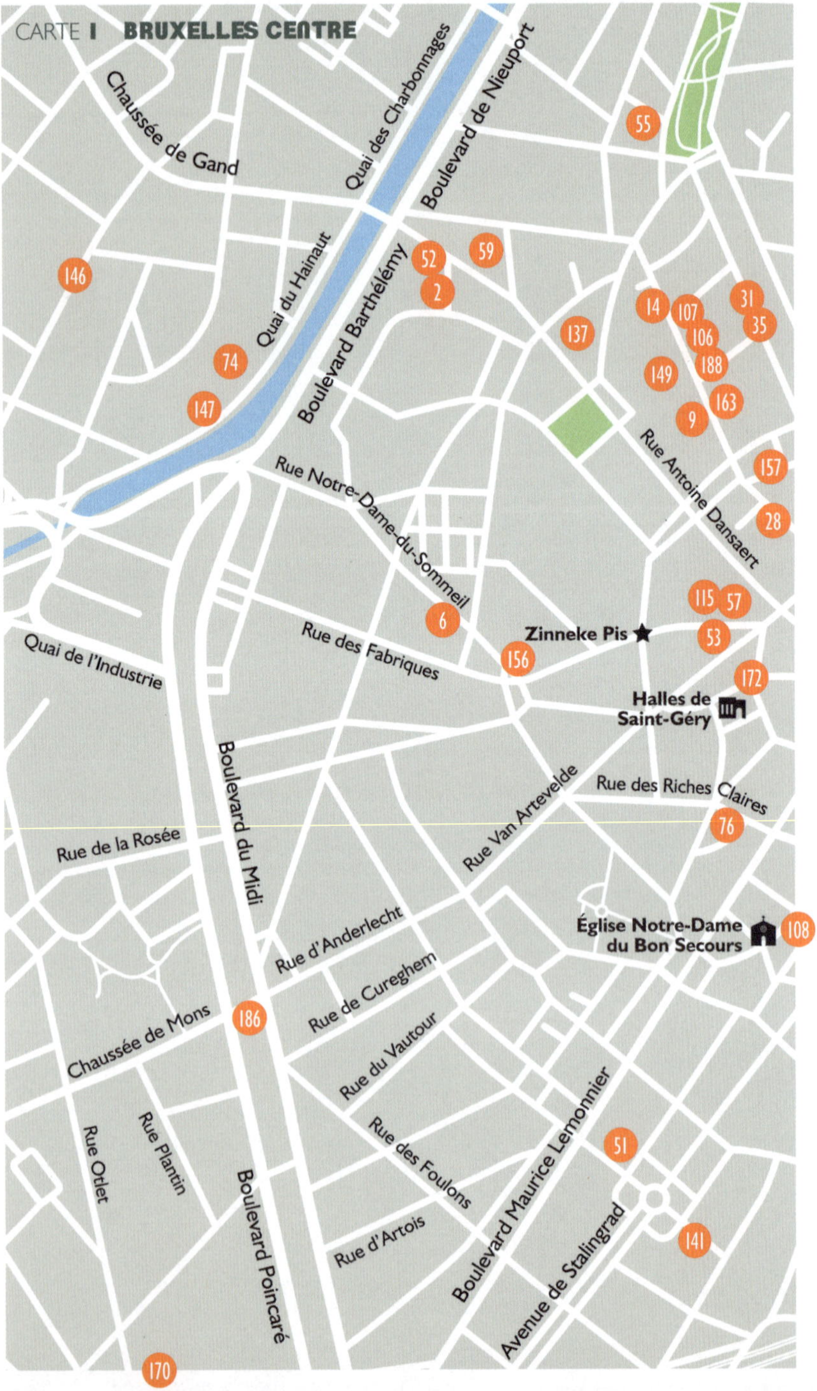

CARTE 2 BRUXELLES CENTRE

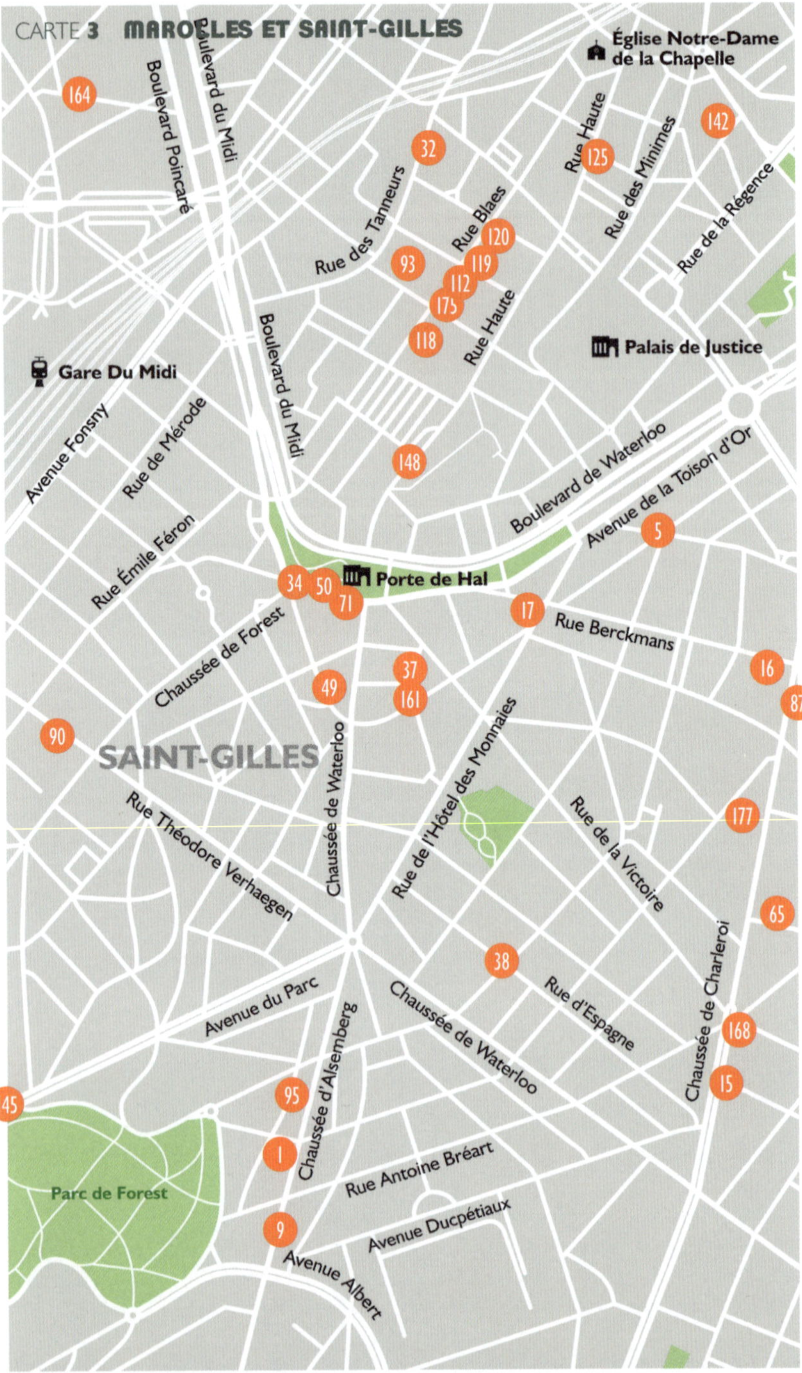
CARTE 3 MAROLLES ET SAINT-GILLES
Église Notre-Dame de la Chapelle
Palais de Justice
Gare Du Midi
Porte de Hal
SAINT-GILLES
Parc de Forest
Boulevard Poincaré
Boulevard du Midi
Rue des Tanneurs
Rue Blaes
Rue Haute
Rue des Minimes
Rue de la Régence
Avenue Fonsny
Rue de Mérode
Rue Émile Féron
Boulevard de Waterloo
Avenue de la Toison d'Or
Chaussée de Forest
Rue Berckmans
Chaussée de Waterloo
Rue de l'Hôtel des Monnaies
Rue de la Victoire
Rue Théodore Verhaegen
Rue d'Espagne
Chaussée de Charleroi
Avenue du Parc
Chaussée d'Alsemberg
Rue Antoine Bréart
Avenue Ducpétiaux
Avenue Albert
164
32
125
142
120
119
112
175
93
118
148
5
34
50
71
17
16
87
37
161
49
90
177
65
38
168
15
95
145
1
9

CARTE 4 IXELLES
QUARTIER EUROPÉEN
MATONGÉ
IXELLES
Rue du Trône
Rue du Champs de Mars
Avenue de la Toison d'Or
Chaussée de Wavre
Chaussée de Wavre
Rue du Trône
Rue du Prince Royal
Rue du Viaduc
Rue Sans Souci
Rue de la Concorde
Musée d'Ixelles
Rue de la Croix
Avenue Louise
Rue Blanche
Rue Malibran
Chaussée d'Ixelles
Rue de Florence
Rue Defacqz
Rue de la Brasserie
Tunnel Bailli
Rue Lesbroussart
Flagey
Rue Simonis
Chaussée de Vleurgat
Rue du Châtelain
Rue de l'Aqueduc
Avenue du Général de Gaulle
Avenue de l'Hippodrome
Rue Washington
Rue de Tenbosch
Rue Américaine
Avenue Louise
Rue Américaine
Rue de Tenbosch
23
134
136
150
109
80
151
89
77
61
81
26
85
58
135
121
67
84
39
111
41
66
72
143
182
9
12
62
140
176
113
114
18
43
190
20

CARTE 5 **BRUXELLES EST**

PLASKY
Chaussée de Louvain
Avenue Milcamps
Avenue Eugène Plasky
Avenue de l'Opale
Rue Charles Quint
Rue du Noyer
Boulevard Clovis
Square Ambiorix
Rue Franklin
Avenue de Cortenbergh
Rue du Noyer
Rue de Linthout
Rue Stevin
Avenue de la Renaissance
Grande Mosquée de Bruxelles
Conseil de l'Union européenne
Parc du Cinquentenaire
Rue Froissart
Rue du Cornet
Avenue des Nerviens
Avenue des Celtes
Avenue d'Auderghem
Avenue de la Chasse
Rue de la Grande Haie
Chaussée de Wavre
100
98
96
7
82
13
69
11
54
4
42
47
25

3
CARTE 7 BRUXELLES NORD
LAEKEN
Chaussée de Vilvorde
Boulevard Émile Bockstael
Rue Marie-Christine
Avenue de la Reine
Rue de Moorslede
Rue Claessens
174
TOUR & TAXIS
Avenue du Port
Allée Verte
Rue Masui
Avenue de la Reine
Rue Gallait
Avenue de l'Héliport
QUARTIER BRABANT
Quai de Willebroeck
Boulevard Roi Albert II
Rue de Brabant
194
Rue des Palais
Chaussée d'Anvers
Gare de Bruxelles-Nord
195
Boulevard Roi Albert II
56
Rue des Commerçants
Rue Royale
73
Théâtre royal flamand
Rue du Canal
Boulevard du Jardin Botanique
Jardin Botanique
55

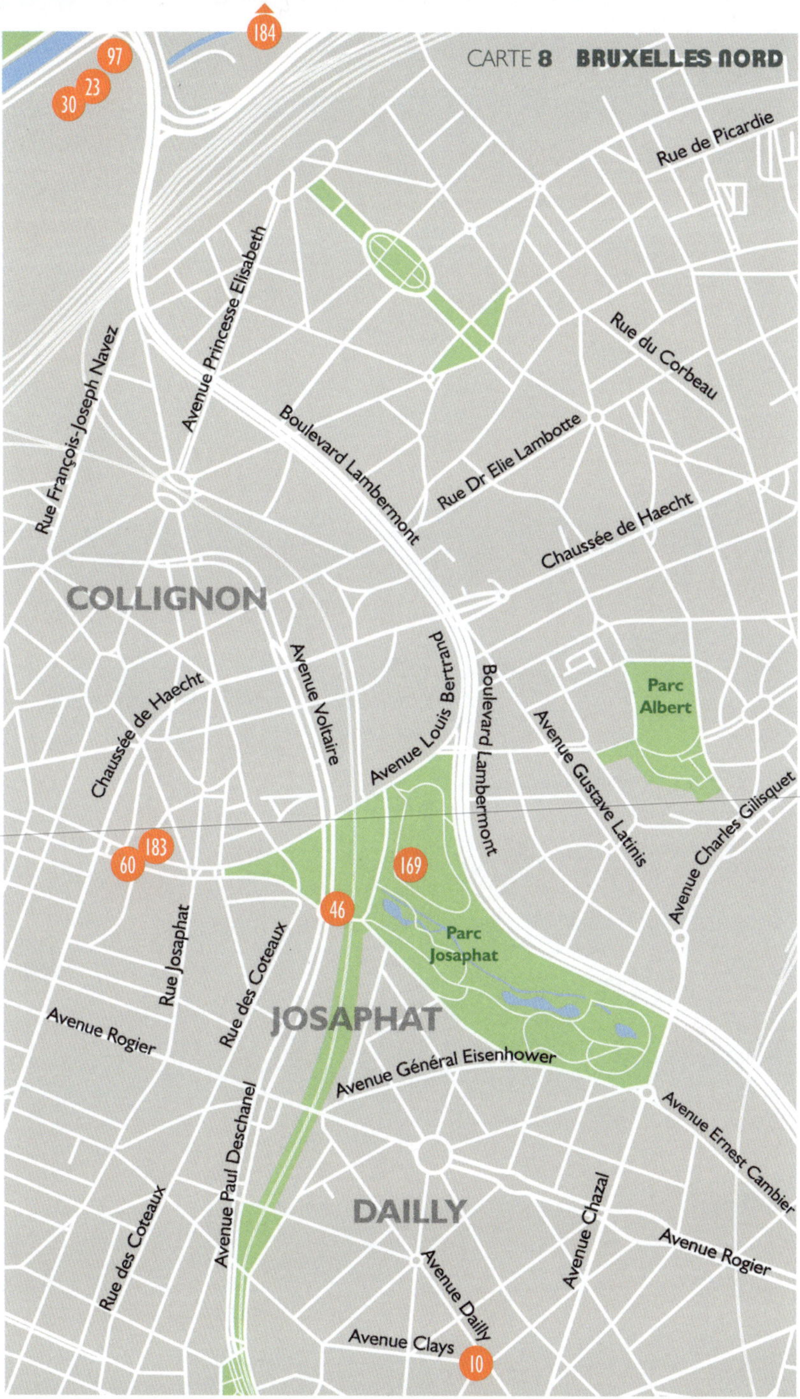
CARTE 8 BRUXELLES NORD
184
97
23
30
Rue de Picardie
Avenue Princesse Elisabeth
Rue François-Joseph Navez
Rue du Corbeau
Boulevard Lambermont
Rue Dr Elie Lambotte
Chaussée de Haecht
COLLIGNON
Avenue Voltaire
Avenue Louis Bertrand
Boulevard Lambermont
Avenue Gustave Latinis
Parc Albert
Chaussée de Haecht
Avenue Charles Gilisquet
183
60
169
46
Parc Josaphat
Rue Josaphat
Rue des Coteaux
JOSAPHAT
Avenue Rogier
Avenue Général Eisenhower
Avenue Paul Deschanel
Avenue Ernest Cambier
DAILLY
Avenue Chazal
Avenue Rogier
Rue des Coteaux
Avenue Dailly
Avenue Clays
10

CARTE **9** **BRUXELLES SUD**

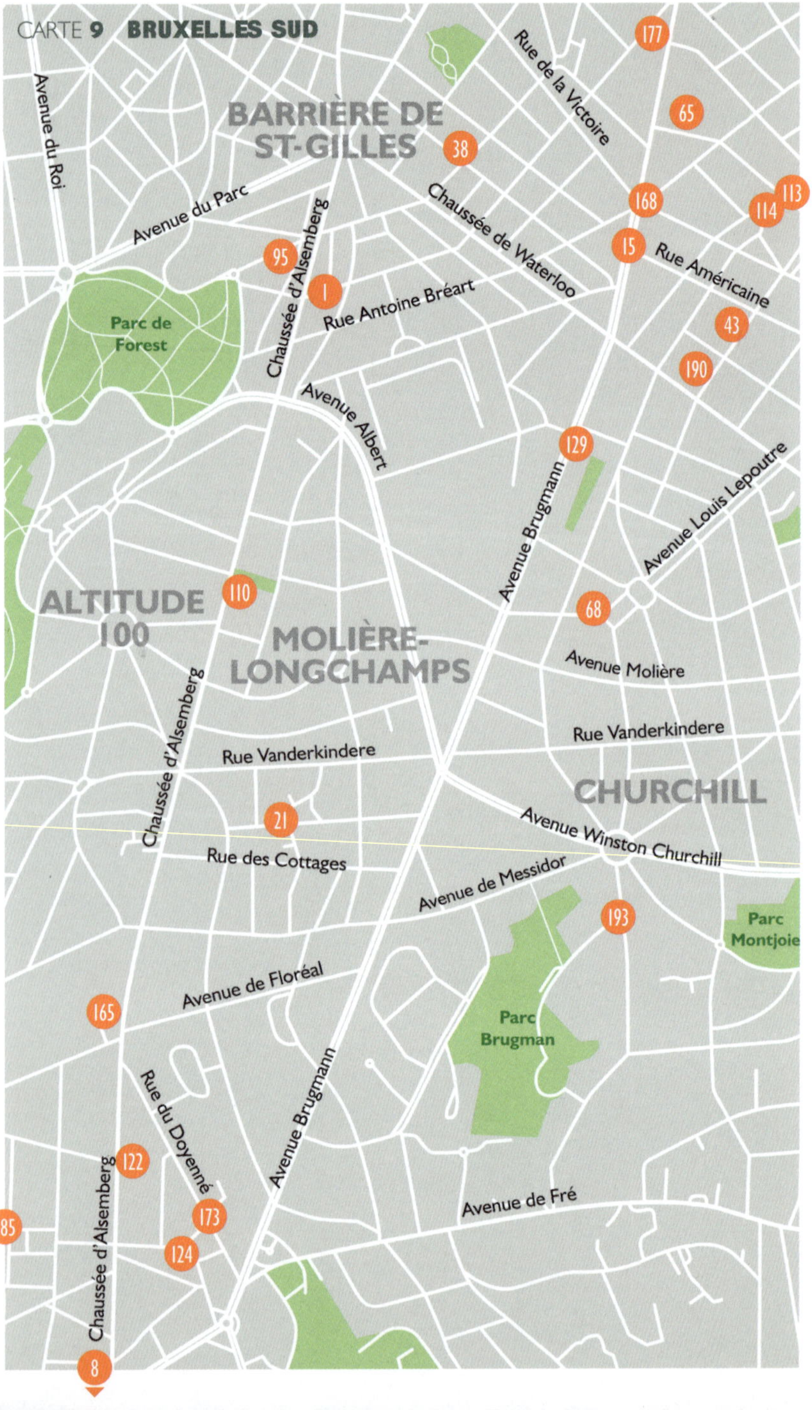

CARTE 10 BRUXELLES SUD
Rue de la Brasserie
Flagey
Chaussée de Vleurgat
Avenue Louise
Avenue de la Couronne
Rue Juliette Wytsman
Avenue Émile de Beco
Chaussée de Boondael
Avenue de l'Hippodrome
Parc Tenbosch
Boulevard Général Jacques
Rue Élise
Abbaye de la Cambre
Avenue Adolphe Buyl
Avenue Legrand
Avenue Bel-Air
Université libre de Bruxelles
Avenue Franklin Roosevelt
Avenue Montjoie
Avenue de la Floride
Bois de la Cambre
Chaussée de Waterloo
Avenue du Vivier d'Oie
Avenue De Fré
Avenue de l'Observatoire
143
72
182
12
140
18
25
20
181
91
130
35
42
192
131
40
63
154
22
126
33
44
24
45
133

CARTE 11 **RÉGION BRUXELLOISE**

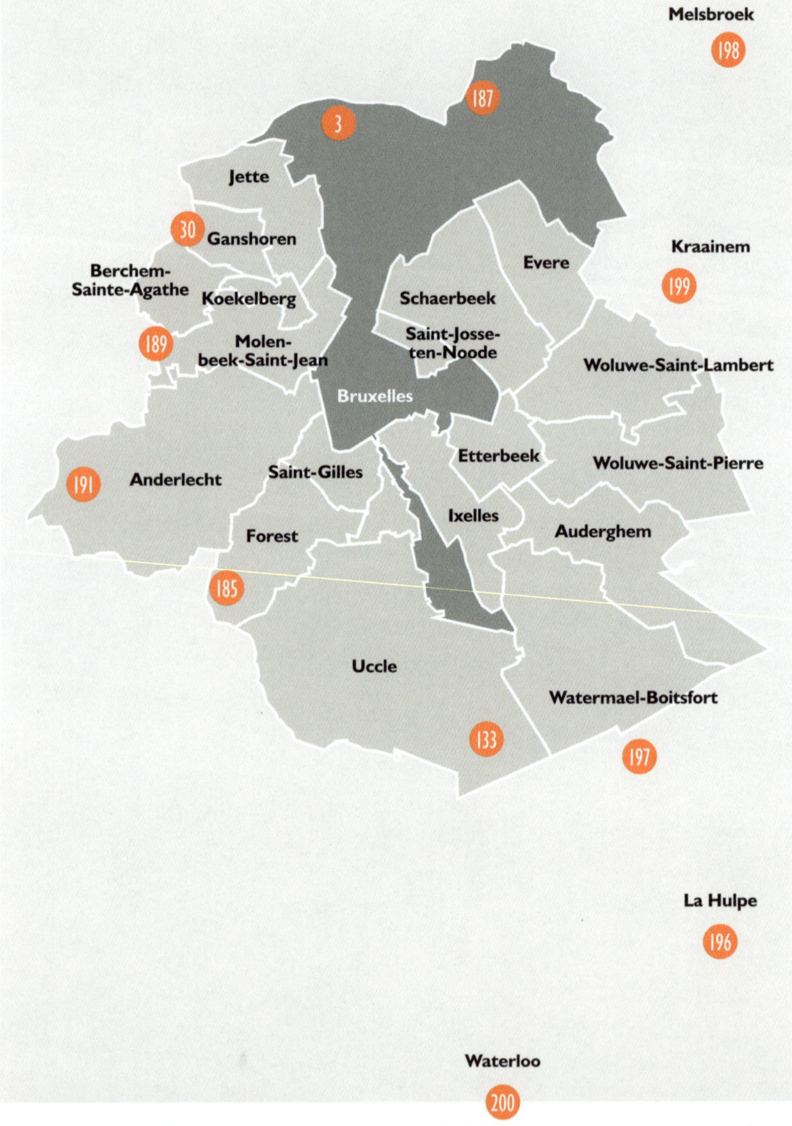

index

Imprimé en avril 2018 sur les presses de Printer Trento (Italie).